콘텐츠 엔지니어링 <<<<<<

❶ 스토리텔링 매뉴얼, 12개의 상자

콘텐츠 엔지니어링

스토리텔링 매뉴얼, 12개의 상자

이소윤 이진주 지음

스토리윤

콘텐츠 엔지니어링이란 무엇인가

×
×
×

우리가 일상생활에서 접하는 광고, 유튜브 영상, 팝, 드라마와 영화, 다큐, 책은 모두 특정 소재, 아이디어, 주제를 목적을 갖고 매체(미디어)에 적합하게 다듬어서 내용을 구성(스토리텔링)하고 그 내용을 전달할 다양한 형태의 전달도구를 통해 우리에게 옵니다. 이것을 우리는 콘텐츠라고 부릅니다.

콘텐츠를 만드는 방법에는 여러 가지가 있겠지만 이 책에서는 한 다큐멘터리스트가 30여 년간의 경험을 통해 구축한 매뉴얼을 중심으로 콘텐츠 제작에 관한 이야기를 하고자 합니다. 이 다큐멘터리스트는 오랜 경험을 통해 공감도 높고 영향력 있는 만드는데 반복적으로 요구되는 요소들이 있음을 알게 되었습니다. 물론 좋은 콘텐츠를 만들기 위해서는 소재를 깎고 다듬고 쪼개고 덧붙이고 다시 재구성하는 장인과 같은 노력도 필요하지만, 소재에 대한 객관적인 사전 분석과 사용될 시대적, 물리적 환경을 미리 점검하는 작업을 통해 콘텐츠의 영향력과 지속

<<<<<<

가능성을 더 높일 수 있기 때문입니다. 이에 그동안 단순히 '개발' 차원에서 보아왔던 콘텐츠 메이킹 작업을 '콘텐츠 엔지니어링' 이라는 통합적이고 보다 과학적인 시각으로 접근하며 하나의 소재를 유익하고 공감도 있는 콘텐츠로 만드는 데 필요한 내용을 체계적으로 정리하고 매뉴얼로 제작하였습니다.

그리고 전국적으로 수 백회의 공개강연을 통해 매뉴얼의 효과를 확인하고 이를 필요로 하는 많은 이들을 위해 콘텐츠엔지니어링의 전과정을 분야별로 정리하게 되었습니다. 집필 과정에서 교육과 콘텐츠 개발의 경험을 가진 젊은 학자가 합류하여 완성도를 높였습니다. 콘텐츠 엔지니어링에 관한 개념과 적용을 담은 이 시리즈는 3개 분야로 나누어 출간될 예정이며 그 첫 번째 시리즈로 '스토리텔링 매뉴얼, 12개의 상자'를 책으로 펴내게 되었습니다.

이 책을 통해 미디어콘텐츠 분야에 진출을 희망하거나 이 분야에 관심 있는 이들이 스토리텔링을 이해하고 다양한 분야에서 스토리텔링을 잘 활용할 수 있게 되기를 희망합니다.

목차

×
×
×

스토리텔링은 가치창출^{value developing}이다
스토리텔링은 전달의 마술^{magic of telling}이다

≪≪≪≪≪≪

7. 좋은 스토리텔링을 위한 몇 가지 습관 /

95%는 듣고 5%는 쓰는 사람, 그가 작가다

문화의 장벽을 넘나드는 크로스컬처리스트가 되라

나만의 콘텐츠 창고를 만들어라

누구보다 먼저, 현장을 점령하라

키맨^{Keyman}을 찾아라. 그리고 그와 친구가 되라

1. 프롤로그

X
X
X

> 왕이 되어야 하는 사람의 조건이 있다면 바로 위대한 이야
> 기를 가진 자. 우리의 과거와 미래를 알고, 이 세상의 모
> 든 이야기를 기억하는 자, 그 사람이야말로 우리를 이끌 위
> 대한 왕이 될 수 있을 것이다.
>
> _미드 〈왕좌의 게임〉 시즌 8

세계적으로 인기를 모았던 미드 〈왕좌의 게임〉 마지막 편에 등
장하는 대사입니다. 철왕좌를 둘러싼 일곱 나라의 오랜 전쟁이
끝난 뒤 새로운 지도자를 뽑는 자리에서 정치 9단의 책사 티리
온이 한 말입니다. 위대한 이야기를 아는 자야말로 위대한 지도
자가 될 수 있다는 뜻입니다. 다소 의외의 제안이 아닌가 싶었는
데 놀랍게도 그 자리에 있던 영웅들 모두가 티리온의 말에 공감
하고 특별한 예지 능력으로 과거와 미래의 일을 모두 기억하는
브랜 스타크를 철왕좌의 새로운 주인으로 인정합니다. 위대한
이야기 '왕좌의 게임' 다운 결말이지요.

스토리텔링과 일상

픽션의 세계에서만 일어나는 일이 아닙니다. 실제로 우리의 역사 속에서도 이야기는 놀라운 힘을 발휘하지요. 하나의 이야기가 불씨가 되어 사람들의 생각을 바꾸고 행동을 바꾸어 위대한 변화와 역사를 이루어낸 예는 무수히 많습니다. 그래서 이야기는 작게는 개인의 일상에서부터 책, 영화, 만화, 방송 제작은 물론 선거와 홍보, 광고 시장에서도 폭넓게 사용되고 있습니다.

어떤 이야기를 어떻게 전하느냐에 따라 울음이 웃음으로, 평범함이 특별함으로, 절망이 희망이 되기도 하고 정반대의 결과를 낳기도 합니다. 아주 작고 흔한 사례부터 살펴볼까요.

종종 젊은 아빠들이 아이들을 울리는 경우가 있습니다. 학교를 가야 하는 어린아이가 밥을 먹지 않자 답답해서 한마디 했는데 아이는 울음을 터뜨리며 엄마에게 달려갑니다. 그때 엄마 역시 우는 아이에게 밥을 먹어야 한다고 말합니다. 그러자 아이가 거짓말처럼 눈물을 뚝 그치고 밥을 먹기 시작합니다. 무엇이 이런 차이를 만들었을까요. 이런 경우 대개 아이의 아빠와 엄마는 이런 비슷한 말을 했을 것입니다.

아빠 : 너 밥 안 먹으면 아빠한테 혼난다.

엄마 : 옆집 꼬마가 너보다 키 더 크려고 아침밥을 두 그릇이나
먹는대

목적은 같았는데 이야기 방식에 따라 결과가 완전히 달라진
케이스입니다.

사무실에서도 종종 이런 일이 벌어지죠. 실수를 한 직원에게
말을 하는 상사의 유형 중에 어떤 사람은 인간적인 모멸감과 치
명적인 상처만 주는 반면, 어떤 사람은 신입사원이 실수를 반성
할 뿐 아니라 다시는 같은 실수를 반복하지 않는 사람으로 변화
시킵니다. 예를 들면 이런 차이입니다.

A : 정신 안 차릴래? 안 잘리고 싶으면 알아서 해라.

B : 나 신입사원 때는 너보다 더 심각했어. 그런데 행동에 옮
기기 전에 한 번 더 확인하는 습관을 갖고 나서는 실수가
줄더라고. 금방이야. 조급해하지 마.

같은 목적으로 말을 했지만, 어떻게 말을 하느냐에 따라 완전
히 다른 결과를 가져온 것입니다.

⟨⟨⟨⟨⟨⟨⟨

스토리텔링의 다른 말들_광고카피와 브랜드

광고 시장에서 스토리텔링은 흔히 광고 카피 혹은 브랜딩 이라고 불립니다. 광고 시장은 그야말로 스토리텔링의 전장터라고 해도 과언이 아닙니다. 어떻게 전달하느냐에 따라 같은 회사의 같은 상품이 완전히 다른 차원을 달리하는 경우가 비일비재합니다.

2007년 핸드폰 시장에 아이폰이 등장할 때부터 아이폰은 다른 핸드폰과는 다른 스토리텔링을 선택했습니다. 아이폰은 아이폰만의 독보적인 매력이 있지요. 그래서 불편한 점도 많습니다. 그럼에도 불구하고 아이폰이 전 세계적인 성공을 거둔 이유는, 다른 스토리텔링으로 소비자에게 접근했기 때문입니다. 한국의 대표적인 핸드폰이 열심히 다른 브랜드보다 앞서가는 제품의 성능을 광고할 때 아이폰은 사람과 삶에 집중했습니다. 2007년 아이폰이 세상에 처음 나왔을 때 광고 문구가 뭐였는지 기억하시나요.

Hello

단지 이것이었습니다. 핸드폰이 사람에게 말을 걸어오는 듯한 이 느낌. 아이폰을 삶의 소중한 동행으로 여기도록 만든 이 광고 카피와 함께 아이폰은 모토롤라와 삼성폰이 주름잡고 있던 핸드폰 시장을 무서운 속도로 잠식해 들어오기 시작했고, 불과 10년 만에 핸드폰 시장에서 독보적인 위치를 차지했습니다.

비슷한 일이 우리나라 아파트 업계에서 일어났습니다. 90년대까지만 해도 아파트에는 '삼성아파트', '현대아파트', '대우아파트'와 같이 건설사의 이름이 붙었습니다. 이때까지만 해도 아파트는 집이라는 이미지보다는 '재테크' 목적의 건축물이었습니다. TV 광고도 많이 하지 않고 주로 신문 등에 전면광고를 내곤 했는데 주요 내용은 입지, 평당 가격, 내부 설계 등등이었습니다.

그런데 2000년대에 들면서 대형 건설사들이 아파트에 스토리텔링을 접목시켰습니다. 이와 함께 래미안(삼성건설), 푸르지오(대우), 힐스테이트(현대), 자이(LG), 더숲(포스코), 이편한세상(대림), 롯데캐슬(롯데) 등의 브랜드 아파트가 등장했고, 이와 함께 광고도 변했습니다. 이전과 같은 '아파트 자체를 알리는 광고'가 아닌 '사람과 삶, 가족의 소중함'을 주제로 한 스토리텔링이 등장했습니다.

'당신의 이름이 됩니다. 래미안'
'내일이 더 빛나는 집, 래미안'
'자이가 나를 특별하게 만들었어요'
'리프레시 유어 라이프(당신의 삶을 재충전하라), 자이'
'모두가 꿈꾸는 그곳. 자이'

'좋은 아빠는 아이의 마음을 잘 압니다. 더숍이 당신의 마음을
아는 것처럼'
'마음을 읽습니다. 더숍'
'더숍에 살게 되었습니다. 남편의 노랫소리가 반올림되었습
니다'

스토리텔링을 만난 아파트는 브랜드별로 차별화된 고객층을
탄생시키고 아파트도 평생 살만한 '인생 주택'으로 인식되면서
한국의 주거문화에 새로운 전기를 만들었습니다.

건설사나 아파트라는 상품이 달라진 것이 아닙니다.
달라진 스토리텔링이 만들어낸 결과입니다.

아래는 1970년 무렵, '박카스(동아제약)' 음료의 TV 광고 문구입니다.

'힘찬 체력, 왕성한 활동력!'
'그날의 피로는 그날에 풀어버립시다. 오늘도 건강하게!'

당시 박카스는 '한강의 기적'이라 불리는 개발도상국 한국을 상징하는 피로회복제였습니다. 신장개업을 한 사무실이나 이사 간 집을 방문할 때 사람들이 가져가곤 했던 단골 음료였지요.

그런데 80년대 이후 음료 시장이 다양화되고 감성적인 광고가 등장하면서, 한 시대를 풍미했던 박카스도 잊히기 시작했습니다. 동시에 감성적인 음료 시장의 스토리텔링 광고들 사이에서 '피로회복제'라고 하는 키워드에만 집중된 광고 역시 매력을 잃어가기 시작했습니다.

그런 상황에서 박카스는 획기적인 스토리텔링을 시도합니다. 그렇게 탄생한 것이 '대한민국에서 불효자로 산다는 것' '대한민국에서 새해를 산다는 것' 등의 훈훈한 감성 스토리텔링 광고이었습니다. 아래는 사람들에게 강렬한 공감을 일으켰던 2015

년 박카스 광고입니다.

> 박카스는 〈쨍하고 해 뜰 날〉입니다.
> 박카스는 〈토요일은 밤이 좋아〉 입니다.
> 박카스는 〈매일 그대와〉입니다.
> 박카스는 〈진짜 사나이〉입니다.
> 박카스는 〈손에 손잡고〉입니다.
> 박카스는 〈대~한민국〉입니다.
> 박카스는 〈지킬 것은 지킨다〉입니다. (독도 관련)
> 50년 전에도, 50년 후에도 박카스는 박카스입니다.

불과 30초의 광고에 영화 '국제시장'만큼이나 가슴이 찡한 스토리가 담겨 있지요. 이렇게 다시 부활한 박카스는 이후 5년 동안 판매실적이 2배로 급성장했을 뿐 아니라 연간 수천억 원 규모로 해외에 수출되는 음료계의 전설이 되었습니다.

> 수많은 상품들이 나타났다가 사라집니다. 박카스도 그럴 뻔했습니다. 50년 전이나 지금이나 박카스는 변한 것이 없습니다. 잊혀가던 박카스를 음료계의 전설로 부활시킨 것은 '달라진' 박카스의 스토리텔링이었습니다.

실제로 같은 사건에 대해 이야기를 하는 데도 어떤 사람의 이야기는 장안의 화제가 되고 어떤 사람의 이야기는 들은 기억조차 나지 않을 만큼 금방 잊힙니다. 사소한 일이라면 문제가 없지만, 만일 아주 중요한 이야기라면, 식성이 별로 좋지 않은 내 아이에게 아침을 먹이는 일이나 신입사원에게 상처를 주지 않고 잘못을 일깨워야 할 때, 아니 이 짧은 이야기를 어떻게 하느냐에 내 인생이 걸렸고, 시대의 운명이 달려 있을 때, 어떻게 이야기를 전해야 할까요.

많은 사람들이 좋은 스토리텔링을 하기 원합니다. 같은 말이라도 적절한 말과 표현으로 어려움에 빠진 가족과 친구를 위로할 수 있고, 어려워진 관계를 다시 회복할 수 있기를 원합니다. 더 나아가 나 자신의 잠재력을 면접관에게 잘 전달하고 싶고, 내가 만든 상품의 가치를 전할 수 있는 울림이 있는 이야기를 만들고 싶어합니다.

그런데 어떻게 하면 좋은 스토리텔링을 할 수 있는지를 잘 모릅니다. 심지어 아주 괜찮은 스토리텔링을 하는 사람조차도 자신이 어떻게 그런 스토리텔링을 하는 것인지를 모르는 경우도 종종 봅니다. 즉, 좋은 스토리텔링을 체계적으로 잘 알고 활용하는 사람은 그다지 많지 않다는 사실입니다.

이제부터 이 책은 바로 그 점에 대해서 이야기하려고 합니다. 스토리텔링이 무엇이고, 또한 스토리텔링을 어떻게 적재적소에 꼭 맞게 만들어서 제대로 활용할 것인가에 대해서만 집중적으로 다루려고 합니다.

스토리와 스토리텔링

'스토리와 스토리텔링의 차이는 무엇인가요?'

가끔 이런 질문을 받습니다. 정말 중요한 질문이지요. 스토리와 스토리텔링의 차이는 무엇일까요. 이 질문에 저는 종종 이렇게 대답합니다.

"우리에게 잘 알려진 거의 모든 이야기(스토리)가 바로 스토리텔링입니다."

스토리란 어떤 사실 혹은 인공적으로 만들어진 이야기를 통칭해서 부르는 것인데 이것이 사람들에게 스토리story로 알려졌다면telling 이미 스토리텔링storytelling이기 때문입니다. 그러니까 사람들에게 전하기 위해 만들어진 모든 이야기는 스토리텔링인 셈이지요. 그래서 우리 역사의 중요한 원천소스의 하나인 '사초' 마저도 사관들이 역사적 사실story에 대해 자기의 생각을 가지고 기록telling 한 스토리텔링storytelling이라고 볼 수 있습니다.

그래서 이 책 역시 한 곳에서는 스토리라고 쓰기도 하고 다른 곳에서는 스토리텔링이라고 쓰기도 하겠지만, 엄격히 말하면 우리가 스토리로 알고 있는 것들 중에 많은 것들이 스토리텔링인 셈입니다.

실제로 우리는 생명으로 잉태된 그 순간부터 이야기를 들으면서 성장합니다. 가장 위대한 스토리텔러인 우리의 어머니들은 뱃속에 있는 우리에게 많은 이야기를 들려주시지요. 웃음소리나 울음소리 밖에 내지 못하는 갓난아기에게도 부모님은 자장가를 불러주시고, 우리 몸의 상태를 끊임없이 이야기해줍니다. 좀 더 자라면 할머니 할아버지가 들려주시는 '도깨비 이야기'나 아버지 어머니가 잠자리에서 읽어주시는 동화들이 우리의 상상력과 가치관을 키웁니다. 우리는 그렇게 태어나는 순간부터 스토리텔링을 통해 관계를 맺고 세상을 배웁니다.

‹‹‹‹‹‹‹

좀 더 성장하면 노래와 영화, 뉴스와 같은 엄청난 스토리의 바다로 들어가게 됩니다. 우리의 하루는 수많은 이야기들로 채워집니다.

스토리는 인류와 민족의 탄생과도 그 맥을 같이 합니다. 위대한 민족들에겐 예외 없이 위대한 신화가 있습니다. 유태인의 '토라', 그리이스의 '일리아드 오디세이', 페르시아민족의 고대 서사시 '쿠쉬나메' 등이 대표적이고, 우리 민족도 오랜 역사 속에서 많은 신화를 탄생시켰지요.

신화는 민족의 자존감과 정체성을 인식시켜주는 대표적인 스토리로 민족이 위기에 처했을 때 등장해서 용기와 치유의 역할을 감당하며 민족과 명맥을 같이 해오며 문화예술을 낳았습니다. 영국은 세기의 이야기꾼 셰익스피어를 낳았고, 손오공과 제갈 공명을 만들어낸 중국은 '동양 문화의 종주국'이 되었고, 21세기에는 한국의 재능 있는 얘기꾼들이 드라마와 노래와 영화를 기반으로 하는 한류산업을 성공시켰습니다.

이렇게 볼 때 사람의 일생은, 숱한 이야기의 바다를 항해하는 여행과도 같습니다.

'스토리텔링을 하면 뭐가 달라지나요?'

이렇게 묻는 분은 그리 많지 않습니다. 그러나 스토리텔링을
잘 하고 싶은 사람이라면 반드시 한번쯤은 이 질문을 해보아야
합니다. 이 질문의 답을 찾고 싶은 분들에게 저는 종종 이렇게
물어봅니다.

- 개미에 대한 정보를 백과사전에서 읽는 것과 TV 과학프로
  그램을 통해서 알게 되는 것 중 어느 쪽이 더 기억이 잘 납
  니까?
- 피카소의 작품에 대한 비평가의 글을 읽는 것과 피카소의
  일대기를 그린 영화를 보는 것 중 어느 쪽이 더 피카소에
  대해 친근하게 느껴집니까?
- 브랜드가 있는 아파트와 없는 아파트의 가격이 같다면, 어
  느 아파트를 구입할 것 같습니까?
- '생산자를 전혀 모르는' 블루베리와 '농부의 활짝 웃는 사
  진+블루베리 경작 일기'가 있는 블루베리가 있다면 어느
  쪽을 구매하시겠습니까?
- 정장 차림을 할 때도 꼭 운동화를 신고 출근하는 보스가
  있습니다. 그 이유를 몰랐을 때와 알았을 때, 어느 쪽이 보

<<<<<<<

스에 대해 더 친근감을 느끼게 될까요?

이런 질문을 받았다면 아마도 대개는 후자를 택합니다. 정확한 차이는 알 수 없지만 후자 쪽이 더욱 이해하기 쉽고, 친근하게 느껴지며 더 가치가 있다고 생각되고 신뢰가 가기 때문일 것입니다. 이런 이야기가 있는 상품이 있다면 그 상품을 사면서 행복감을 느낍니다.

이것이 바로 스토리텔링이 가져오는 작은 변화의 예입니다. 하지만 좋은 스토리텔링은 이보다는 훨씬 더 큰 변화를 만들어 냅니다.

스토리텔링, 나와 세상의 재발견

가끔 지인들과 함께 경복궁에 가곤 합니다. 그들은 적어도 한 번 이상은 경복궁에 와본 적이 있지만 제가 알고 있는 경복궁의 가치를 잘 모르는 경우가 대부분입니다. 그렇다고 해서 제가 경복궁에 관한 모든 사실을 다 외우는 것은 아닙니다. 오래 전 경복궁에 관한 방송다큐멘터리를 한 적이 있긴 하지만 경복궁의 구조를 구석구석 훤히 꿰고 있는 것도 아닙니다. 그저 저는 제가 정한 6개의 장소를 차례로 돌면서 7, 8분 남짓한 길이로 제가 보는 경복궁에 관한 이야기를 들려줍니다. 그 얘기의 절반은 질문인데 예를 들면 이런 것들입니다.

'조선시대, 수문장 교대식을 하는 이곳에 하루에 얼마나 많은 사람들이 왔을까요? 그들의 직업은 얼마나 다양했을까요?'

'근정전 앞 해자의 해태는 왜 정문이 아닌 물속을 보고 있는 것일까요?'

'궁궐에서 왕이 그 누구의 방해도 받지 않고 혼자 있을 수 있는 공간은 어느 정도나 됐을까요?'

'세종의 실리콘밸리였던 흠경각은 왜 왕의 침실 옆, 그 누구의 범접도 용납되지 않았던 왕의 우물 뒤에 있는 것일까요?'

'구중궁궐 왕비의 침전 뒤에는 작은 인공산을 조성했는데 여인의 궁궐에 굳이 산을 만든 이유는 무엇일까요?'

'일본은 왜 많은 전각 중에 동궁전 건물을 뜯어 일본으로 가져갔을까요?'

'조선의 궁궐 담장은 왜, 일본의 황궁이나 중국의 천안문처럼 웅장하지 않고 이렇게도 나지막한 것일까요? 혹시 돌이

부족해서? 아니면 높이 쌓을 수 있는 기술이 없었기 때문일 까요?'

저와의 경복궁 투어는 이런 질문들에 답을 하기 위해 생각도 하고 서로 대화도 하면서 전각을 차례로 도는 것입니다. 이전에 는 한 번도 들어본 적이 없는 저의 질문을 통해 지인들은 마치 처음 와본 사람처럼 경복궁을 새롭게 보기 시작합니다. 시간이 지날수록 질문도 많아집니다. 그리고 다음과 같은 새로운 사실 들을 깨닫기 시작합니다.

- 조선의 궁궐은 왕의 사저가 아니다. 용상, 즉 임금의 자리 는 만백성의 근심을 대신하는 자리로 여겼던 만큼, 궁궐 역시 왕과 대신들이 머리를 맞대고 치열하게 정사를 논하 던 청와대+정부종합청사와 같은 곳이다. 매일 전국으로부 터 각종 소식과 국방의 상황들이 궁궐에 전해졌고, 최소 만 명에 이르는 궁궐 종사자들을 위한 음식, 필요한 것들 이 차질 없이 공급되었어야만 했던 곳. 하루 최소 2만 명이 체류하거나 들락거렸던 조선의 펄펄 뛰는 심장부였다.
- 경복궁의 해자가 영국의 궁전이나 일본의 천황 궁처럼 외 부에 있지 않고 내부에 있는 것은 외부로부터 들어오는 적

을 막기 위한 것이 아니라 이 궁궐에 들어서는 사람들의 사심, 즉 내부의 적을 더 치명적인 것으로 보고 그것을 막기 위한 것이다. 그런 뜻으로 조성된 '궁궐 안 해자'에 사심을 버리고 들어가라는 뜻이다. 그래서 근정교의 해태도 정문이 아닌 물속에 던져진 삿된 기운이 나오지 못하게 물속을 보도록 설계됐다.

- 궁궐에서 왕과 왕의 가족이 비교적 자유롭게 쓸 수 있는 공간은 왕의 침실인 강녕전 뒤쪽 공간뿐이었다. 즉 궁궐의 거의 2/3는 언제든 대신들이 들락거릴 수 있는 공적 공간이었다.

- 흠경각이 왕의 침실 옆에 조성된 것은 명나라와 친명 사대부의 눈을 피해 한국식 기술을 몰래 개발하기 위해서였다. 왕의 침실에는 아무도 함부로 들어올 수 없기 때문이다.

- 왕비는 한번 교태전에 들어오면 왕의 허락이 없이는 평생 그곳을 나갈 수 없었다. 어떤 의미에서는 창살 없는 감옥. 그래서 작은 산을 조성해 쉴 곳 제공했다.

- 조선 궁궐의 담장이 낮은 것은 '정치를 잘못하면 누구든 넘어와 항의하라'는 엄청난 유교정치의 자신감에서 나온 설계이다. 낮은 담장은 조선의 궁궐이 왕을 보호하는 공간이 아니라 백성과의 소통을 전제로 설계된 공간임을 상징

한다.

이러한 사실들을 새롭게 깨달으며 지인들은 경복궁을 쉽게 떠나지 못하고 서성거립니다. 그런 지인들을 보며 저는 흐뭇하게 '임무 끝!'하고 돌아섭니다. 하지만, 위와 같은 방식의 스토리텔링은 그때부터 영향력을 발휘하기 시작합니다. 저의 지인들은 거의 대부분 자신의 지인들과 함께 다시 경복궁으로 돌아옵니다. 그들은 그곳에서 제가 그 분들에게 전한 것보다 더 큰 감동을 담아 이야기를 전합니다. 그렇게 하나의 감동적이 스토리텔링은 끝없이 전달되어 꿈을 낳고, 문학을 낳고, 역사 다큐멘터리와 영화, 그리고 한류를 탄생시킨 것이지요.

어떤 분은 마음이 힘들 때, 홀로 조용히 생각을 하고 싶은 때, 삶의 방향과 해답이 보이지 않아 답답할 때 다시 경복궁을 찾기도 합니다. 그들에게 경복궁은 더 이상 관광명소가 아니라 언제든 다시 와서 만나고 머물고 싶은, 잠시 품에 안기듯 와서 쉬고 싶은, 의미 있는 곳이 되었기 때문입니다.

경복궁에 관한 정보는 모두에게 똑같이 열려 있습니다. 그 정보 중에 어떤 정보를 선택해서 어떤 의미를 담아 어떻게 전하느냐에 따라 경복궁이 단순한 관광명소로 보일 수도 있고, '인생쉼터'가 될 수도 있습니다. 그 차이를 만드는 것이 스토리텔링입니다.

흔히 스토리텔링을 맛깔난 글 솜씨로 작성한 이야기를 재미있게 전하는 것이라고 생각하기도 합니다. 물론 그런 요인이 필요합니다. 하지만, 이 책에서 독자들과 함께 고민하고 배워가고 싶은 스토리텔링은 경복궁을 새롭게 발견하듯 그동안 몰랐던 나 자신과 세상을 새롭게 발견하는 것에서 출발합니다.

위대한 스토리텔링의 세 가지 속성

수많은 이야기들이 태어나고 사라지지만 그중에 어떤 스토리, 즉 스토리텔링은 정복자보다 막강하고 독재자보다 더 위험하며 영웅의 시대보다 더 감동적입니다. 그런데, 이런 위대한 스토리텔링에는 몇 가지 공통된 특징이 있습니다.

첫째, 위대한 스토리텔링은 '사실성'의 뿌리에서 꽃을 피웁니다

우리가 만나는 이야기 중에 완성도가 가장 높은 이야기는 단

연 문학입니다. 문학은 수 세기 동안 사람들의 의식과 철학과 정치와 사회를 지배하는 강력한 스토리이지요

그런데 위대한 문학의 시대에도 어김없이 문학만큼이나 인간과 시대에 강력한 영향력을 발휘하는 게 있습니다. 바로 역사적 사실이나 강력한 실제 사건입니다. 그것은 역사나 실제 사건은 꾸민 이야기가 아닌 사실이기 때문이지요. 아무리 탁월한 문학이라고 해도 강력한 사건보다 더 사람들의 마음을 흔들지 않습니다. 이런 이유 때문에 같은 문학이라도 사실을 바탕으로 한 이야기는 인공적으로 꾸민 이야기보다 훨씬 더 큰 공감과 울림을 줍니다.

김 훈 작가의 〈남한산성〉, 〈칼의 노래〉와 같은 작품들이 뛰어난 문학들 가운데 특별히 우리의 마음을 울리는 것은 생생한 역사적 사실을 다루고 있기 때문입니다. 실제로 역사적 사건이나 인물을 소재로 한 문학작품들이 그렇지 않은 문학보다 훨씬 더 시대와 그 시대의 사람들에게 강력한 영향을 끼치고 있습니다.
그래서 가장 상업적으로 대중적인 매체인 영화나 드라마에서 사실성을 바탕으로 한 영화들이 경쟁력이 높은 편입니다. 자타가 공인하는 국민드라마 〈모래시계〉를 비롯해서, 흥행에 성공한

영화 〈광해, 왕이 된 남자〉, 〈히말라야〉, 〈살인의 추억〉 등 공전의 히트를 친 수많은 영화들이 역사적 사실 혹은 실제 사건이나 현장을 소재로 만들어낸 스토리이기 때문입니다. '사실성'이야말로 스토리텔링에서 필요한 가장 중요한 요인입니다.

두 번째, 위대한 스토리텔링은 '시대를 뛰어넘는 가치'를 담고 있습니다.

시대를 뛰어넘어, 국가와 연령층 등 거의 모든 장벽을 뛰어넘고 세기의 위대한 문학이 된 이야기들이 있습니다. 〈전쟁과 평화〉, 〈노인과 바다〉, 〈태백산맥〉, 〈토지〉 등등의 문학과 위대한 시인들의 시도 여기에 속합니다. 비록 문학은 아니지만, 역사 속 위인들이 남긴 유명한 속담과 격언들도 세대를 이어 교훈으로 전해져오고 있습니다. 이들의 공통점은 어느 시대, 누구에게나 다 공감을 일으킬 수 있는 '인류의 보편적인 가치'를 담고 있다는 것입니다. 이런 스토리들은 역사의 격랑 속에서 인간과 삶의 의미를 고찰하는 이들에 의해 탄생되고 전해집니다. 이러한 '시대를 뛰어넘는 가치'를 담은 위대한 문학과 속담과 격언은 지금도 계속 탄생되고 있는데요. 미국 전역에 있는 전쟁 박물관, 혹은 전몰자 기념 공원이나 국립묘지에서 공통적으로 발견되는 다음 문구도 그중 하나입니다.

'Freedom is not free'

(자유는 거저 주어지지 않는다)

한글로 번역을 하면 그 묘미가 좀 덜하지만, 원문인 영어로 보면 단순하면서도 탁월한 운율로 완성된 표어입니다. 전쟁의 아픔과 평화의 소중함을 말해주는 이런 스토리텔링은 시대를 뛰어넘어 언제 누가 들어도 공감할 수 있지요.

그런가 하면, 짧게는 하나의 단어나 단 한 줄의 광고 카피로, 길어도 얇은 책 한 권을 넘지 않는 길이의 스토리로 일정한 대상에게 강력하고 효과적인 영향력을 주는 경우도 있습니다. '시대를 뛰어넘는 위대한 가치'보다는 비록 그 유효기간이 짧지만 '특정한 대상에게 큰 울림과 용기를 주는 가치'를 담는 것이지요.

KBS-TV에서 일본에서 활동하는 나전칠기 장인에 관한 프로그램을 방송한 적이 있습니다. 과거 우리나라가 문화유산에 무관심했던 시절, 우리나라에서는 나전칠기 공예를 꽃피울 길을 찾지 못한 장인이 우연히 일본으로 건너가 전폭적인 후원을 받으며 세계적인 예술가로 성공했다는 내용을 다루고 있습니다.

그 다큐멘터리는 다음과 같은 말로 끝을 맺었습니다.

'문화재는 만든 자의 것이 아니라 지키는 자의 것이다. 오랜 세월이 흐른 후 누가 나전칠기를 우리의 것이라고 말해줄 것 인가.'

남의 나라에서 꽃피우고 남의 나라를 빛내는 유산이 된 우리의 전통 나전칠기 장인의 삶을 보며 피디가 느꼈던 절망감과 깨달음을 녹여낸 두 개의 문장. 지금도 이 클로징 멘트를 방송을 통해 들었을 때의 충격이 생생한데요. 당시에는 '문화재 보호에 무관심했던 한국인에게' 문화재 보호에 대한 경각심을 일깨워준 말이지만, 사실은 시공을 초월하여 문화유산을 바라보는 자세를 일깨워준 위대한 내러티브였지요. 이처럼 위대한 스토리는 시공을 초월하는 위대한 가치와 진실을 담고 있습니다.

세 번째, 위대한 스토리는 '남다른 전달방식'의 날개를 갖고 있습니다.

똑같은 스포츠 브랜드라고 해도 중년 연예인이 모델인 때와 젊은 한류스타가 모델인 때에 따라 구매자의 연령층이 달라짐니다. 같은 정보라도 직장 동료에게 전해 들을 때와 공중파 방송 정규 뉴스를 통해 들을 때도 다르죠. 이처럼 사실성이 뛰어나고 그 가치가 인정된 스토리라 하더라도, 전달 방식이 적당하지 않을 경우 그 영향력은 현저하게 떨어집니다. 반대로, 오래 외면당해온 '가치'나 '사실' 혹은 '상품'이라고 하더라도 전달 방식에 따라 많은 사람들에게 큰 울림을 줄 수도 있습니다.

광고 분야보다 더 치열한 전달 전쟁이 벌어지는 곳은 대선캠프라 할 수 있지요. 대개 후보들이 유권자들에게 약속한 공약의 내용은 대동소이합니다. 그러니 더욱 남다르게 전달해 유권자의 표심을 잡아야 하기 때문입니다.

전 미국 대통령 버락 오바마의 2008년 선거운동은 지금도 미국 역대 대선 역사상 최고라는 평가를 받고 있습니다. 당시 미국 언론은 버락 오바마의 대통령 당선을 '서사시의 승리'라고 표현했습니다. 스토리의 승리라는 뜻입니다.

미국 동부의 명문대를 나오고, 탁월한 리더십과 정치적 커리어를 갖고 있는 오바마는 열렬한 지지자들을 갖고 있는 정치가이자 정치계에서 가장 감동적인 연설을 할 줄 아는 몇 안 되는 인물이었습니다. 그럼에도 불구하고 그는 다른 후보들처럼 대중 연설을 통해 유권자들을 설득하지 않고 특별한 방식을 택했는데, 평범한 시민들을 자신의 스토리 텔러로 기용한 것입니다.

이 평범한 오바마의 지지자들은 자신과 비슷한 평범한 시민 유권자들에게 '내가 지지하는 대선후보 오바마의 정치 철학'을 전했습니다. 역대 대선 후보 중 그 누구도 생각지 못했던 스토리 텔링 방법으로, 그 누구도 주목하지 않았던 이름 없는 유권자들과 소통을 시작했습니다.

처음에는 미미해 보였지만 결국 '작은 스토리 텔러'들의 땀방울은 거대한 물결이 되어 미국 최초의 유색인종 대통령을 만드는 역사를 일궈냈습니다. 전달하고자 하는 이야기가 다른 이들과 특별히 다를 게 없었지만, 다른 후보들과는 다른 '전달 방식'으로 오바마의 정치철학을 '특별하게 보이게' 했던 것입니다.

2. 스토리텔링 매뉴얼 만들기

×
×
×

오래 전 저 역시 지금의 여러분과 같은 입장에 놓여 있었습니다. 그 때 저는 스토리텔링이라는 말조차도 들어본 적이 없었지만 정확히 '스토리텔링'을 해야만 하는 상황이었지요. 누구 한 사람 가르쳐주는 이도 없었고, 또 참고할 만한 전문서적도 없었습니다. 하지만, 도전해보기로 했습니다.

스토리텔링을 향한 첫 도전

세기말의 낭만과 새로운 천년을 향한 기대가 고조되어 가던 1999년 즈음, 한 재일교포이자 문화재복원가에 관한 다큐멘터리를 제작하게 되었습니다. 첫번째 한 작품이 시청률도 좋고 완성도 면에서도 꽤 좋은 반응을 얻어서 후속편을 세작하게 되었습니다. 그 내용은 대략 다음과 같았습니다.

전쟁 직후 일본인으로 귀화하여 평생 일본의 국보 문화재를 복원해온 한국인 문화재 복원가 다카하시 도시오(한국이름-고준영)씨가 여든을 바라보는 나이에 고국의 문화재를 복원해 달라는 요청을 받았다. 유물은 송광사에 있는 국보삼존불감으로 주막크기의 작은 불상이다. 신라시대 의상대사가 몸에 지니고 다닌 불감이라는 기록과 함께 국보로 보존되어 왔는데 최근 경첩부분이 떨어지고 부식을 막아주는 칠이 벗겨지는 등 훼손 상태가 심한 상태였다. 문화재청의 요청에 따라 고준영옹은 전통방식으로 약 1년에 걸쳐 불감을 복원하기로 했다.

어른 주먹 크기의 불감 하나를 고치는 데 1년이라는 시간이 걸리다니! 처음 이 이야기를 듣는 순간 귀가 솔깃했습니다. 그런데 막상 제작 하기로 결정하고 보니 장애물이 많았습니다.

배경이 되는 사찰 송광사는 심심찮게 텔레비전에 등장하는 유명사찰이라 신선함이 떨어졌고, 겨우 손바닥 크기밖에 되지 않은 작은 불감을 전통방식으로 고치는 수리과정은 한없이 지루했습니다. 게다가 여든 살을 바라보는 복원가의 동작과 말은 한없이 느렸고 결정적으로 복원 이전이나 이후나 별로 크게 변한 게 없어 보이는 작업이었습니다.

핵심적인 정보들은 매력적인데
실제 그 매력을 영상화하기엔 제약이 많은 소재

바로 이런 소재에 탁월한 스토리텔링이 필요하지요. 잘 하면 뭔가 대박이 날 것 같은 느낌은 있는데 이야기를 어떻게 어디에서부터 풀어나가야 할지 여간 고민이 아니었습니다. 그래서 우선 이 다큐멘터리가 주로 영상화 하게 될 소재들을 점검해보았습니다. 하는 김에 '좋은 다큐멘터리가 가져야 할 핵심요소'인 소재의 신선함, 영상의 흡인력, 스토리파워 등의 항목에 대해 1~10으로 점수를 매겨가면서 평가도 해보았습니다.

등장요소	소재의 신선함	영상의 흡인력	스토리 파워	분석 및 평가	합계
송광사와 자장율사	4	7	5	역사, 지루함	16
주인공	7	6	9	신선한 인물	22
삼존불감	7	7	8	신선한 유물	22
삼존불감과 주인공의 매치	9	6	9	증폭 효과	24
송광사와 주인공의 매치	7	7	5	편안한 배경	19
송광사와 일본사찰의 매치	4	4	4	상투적 매치	12

주인공의 과거와 일본촬영	5	5	7	과거사 정리 수준 화면 생동감 없음	17
1년에 걸친 복원과정	10	5	10	영상미를 높이면 흡인력을 기대할 만함	25

위의 작업 끝에 찾아낸 가장 큰 매력 포인트는 두 가지였습니다.

재일교포 복원가와 천년된 한국의 유물의 만남.
복원과정

그런데 전통적인 복원방식의 핵심은 '재료와 정성과 생각이 만나서 시간의 경과에 따라 자연스럽게 하나가 되어가는 것을 기다리는 것'이라 할 수 있습니다. 의미는 좋지만 흥미를 잃어버리지 않도록 내용을 끌어가기에는 정말 어려운 일이었습니다.

이런 저런 아이디어를 생각해보고, 현장 답사도 꼼꼼히 하고 출연자와도 대화를 해보았지만, 제가 얻은 확신은 '이 지루한 기다림의 상황에서 결코 벗어날 수 없다'는 것이었습니다.

벗어날 수 없는 상황에서 벗어나려고 하니 답이 없었습니다.

그래서 반대로 생각해보았습니다. 즉 소재는 '문화재 복원'이지만 진짜 이야기는 '기다림의 힘, 기다리는 삶'에 관한 이야기를 하면 어떨까 하는 생각을 하게 된 것입니다. 정신없이 쳇바퀴처럼 정신없이 돌아가는 일상 속에서 한 번쯤 삶을 되돌아보게 하는 신선한 접근이 될 수 있겠다는 확신이 들었습니다. 그 '기다림'이라는 주제를 중심으로 다시 스토리라인을 정리해 보았습니다.

> - 재일교포 문화재복원가가 전통적인 복원방식으로
> - 1년간 고국의 문화재를 되살려내는 과정을 영상화함으로서
> - 느림의 미학, 기다림의 힘, 기다림의 삶에 관해 이야기한다.

물론, 수준 높은 영상이 뒷받침되어야 한다는 전제조건이 있었지만 요소별 분석을 통해 샘플 안에 담겨있는 복합적인 이미지들을 다 걸러내고, 위에 정리된 단 한 가지의 주제를 표현하기 위해 취재 및 대본 구성에 들어갔습니다.

이 단계에서 가장 중요한 것은 불필요한 요소들의 과감한 생략입니다. 위의 소재 분석 (샘플링)단계에서 가장 높은 포인트가 나온 두 가지를 제외한 나머지 부분들, 즉 국보 삼조불감에 대한

자세한 학술적 설명이나 소개, 주인공인 재일문화재 복원가의 과거사는 과감하게 생략했습니다. 촬영의 무대는 송광사로 제한 되었고 촬영의 대상은 복원과정으로 좁혀졌습니다. 시간의 경과 는 천년고찰 송광사 스님들의 한해살이와 자연의 계절적인 변 화로 표현하기로 했습니다.

그 결과, 그 어떤 화려하고 스피디한 영상보다도 더 깊은 울림 을 주는 스토리가 완성되었고, 느릿느릿한 주인공의 걸음과 천 천히 변해가는 나뭇잎들, 사찰의 아침과 밤, 비오는 날의 삼나무 숲. 그런 시간들과 함께 표현된 복원과정은 전혀 지루하지 않았 습니다. 그 시간의 흐름은, 천년의 생명력을 이어온 작은 불감이 또 다른 천년을 가기 위해 필요한 소중한 쉼의 시간으로 다가왔 고, 보는 이들에게도 같은 영혼의 휴식을 전해주었습니다. 흐르 는 시간에 삶을 맡기고 함께 흘러가는 평화로운 삶, 그것이 느림 의 미학 속에서 아름답게 영상화 되었습니다.

- 대상을 요소별로 분석하여 강점요소를 찾아낸다.
- 강점 요소가 가진 시대적 핵심 가치를 찾아낸다.
- 핵심 가치를 부각시킬 수 있는 방향성을 확보한다.

탐색 끝에 발견하게 된 '스토리텔링'의 조건

이런 식으로 그 형식이 다큐멘터리건 애니메이션 대본이건, 미니드라마이건 관계 없이 언제나 대상물의 강점 요소와 시대가 요구하는 핵심 가치를 찾아내고 이를 전달하는 방향을 모색하는 식으로 작업을 해나갔습니다. 경험이 쌓이면서 그냥 감으로 일을 할 수도 있었지만 저는 일부러 위와 같은 분석 툴에 소재를 넣어 점검해보는 습관을 계속 이어나갔고, 그렇게 몇 년 동안 실험과 탐색 끝에 스토리텔링에 관한 몇 가지 결론을 얻게 되었습니다.

스토리텔링은 '정체성 찾기'finding identity'다

스토리텔링에 있어서 가장 중요한 것은 먼저 그 대상물의 정체성을 파악하는 일입니다. 정체성은 이후의 모든 스토리텔링의 근간과도 같아서 스토리텔링의 모든 것이라고 해도 과언이 아닙니다. 그래서 스토리텔링을 다른 말로 정의하라고 하면 '정체성 찾기'finding identity'라고 말하곤 합니다. 가장 먼저, 정확하게 내가 다루고자 하는 대상의 소재의 정체성을 파악해야 합니다.

정체성이란 어떤 사람. 혹은 사물의 변하지 않는 본질, 속성이라고 할 수 있습니다. 그런데 우리가 흔히 범하는 실수 중에 본질이 아닌 것을 본질로 여기는 것입니다. 이해를 돕기 위해 A와 B라는 두 사람이 있는데 A라는 사람에 대해 B가 이렇게 얘기를 했다고 가정해볼까요.

> 45세. 샐러리맨, 경주 김씨, 장남. 유부남. 자녀 둘. 아내는 초등학교 교사. 노래하는 것 보다 듣기를 좋아한다. 술 조금 하고 담배는 못한다. 성질 괴팍. 성격이 느긋하다. 살은 쪘지만 인물은 있는 편. 무슨 생각을 하는 지 알 수 없는 표정을 지을 때가 있다. 어두운 색 옷을 좋아한다.

이 정도면 A를 모르는 사람이라 해도 대략 어떤 사람인지 가늠이 됩니다. 그런데 위의 표현들은 'A에 관한 사실'과 'A와 관련된 B의 생각'으로 크게 분류할 수 있습니다.

사실	B의 생각
45세. 경주 김씨. 장남, 유부남	성질 괴팍, 성격이 느긋하다.
자녀 둘, 아내는 교사. 노래를 좋아함	살은 쪘지만 인물은 있는 편.
말수 적고 잘 웃는 편.	가끔 무슨 생각을 하는 지 알 수 없다.

술 마실 줄 안다. 담배는 못한다.　　어두운 색 옷을 좋아한다

우리도 흔히 어떤 사람에 대해서 이 정도 표현을 하곤 합니다. 그런데 위에서 보는 바와 같이 우리가 사실적으로 말하고 있다고 생각하고 흔히 말하는 내용 중에는 그 사람의 본질을 형성하는 사실 외에도 그 사람에 대한 주관적인 판단이 포함되어 있는 것을 알 수 있습니다. 만일 B가 아닌 다른 지인이 말했다면 '사실'은 변하지 않아도 A에 대한 생각은 달라질 수 있습니다.

그러므로 다루고자 하는 대상이 무엇이든 이 본질을 이루는 정체성을 정확하게 파악해야 합니다.

스토리텔링은 가치창출value developing이다

스토리텔링의 힘은, 그 이야기의 수용자들에게 그 이야기가 얼마나 가치가 있느냐에 따라 결정됩니다. 즉, 시대와 사회구성원들이 공감할 수 있는 가치와 의미를 담아야만 합니다. 그런데 아쉽게도 이 가치를 담는 일이 생각보다 그리 쉽지 않습니다. 왜냐하면 이 가치는 절대적 기준이 아니기 때문이지요.
경기가 좋지 않으면 금값이 뜁니다. 다른 스포츠 상품은 불경

기인데, 등산용품은 불티가 나게 팔리지요. 똑같은 상품인데 사람들이 생각이 달라지면서 그 상품의 가치와 수요가 달라집니다. 주식시장 역시 매 순간 요동칩니다. 오전에는 전자회사 주가가 천정부지로 치솟고, 오후에는 IT회사 주식이 곤두박질칩니다. 사람들의 생각, 즉 가치관이 달라지기 때문입니다.

즉 사회 구성원의 가치관에 따라 변하는 것들이 우리가 이 장에서 다루는 '가치'의 개념과 유사합니다. 이처럼 어떤 소재의 '가치'는 시대에 따라 장소나 사람에 따라 달라지는데, 이 점이 위에서 다룬 '정체성'과 다른 점입니다.

그러므로 스토리텔링을 할 때는 정체성을 잘 파악하는 것만큼이나, 소재가 갖고 있는 시대적 가치를 잘 발굴하여, 평가 절하되어 있는 부분이나 지나치게 과장되어 있는 부분을 냉정히 분석해내야만 합니다.

획기적인 가치 창출의 좋은 사례를 만든 이들이 있는데요, 바로 미국 동부의 유명한 주차 빌딩 전문설계 회사인 팀하스 Timhaahs이라는 건축설계기업입니다. 이 회사는 대개의 건축설계 회사가 선호하는 박물관이나 호텔이 아닌 주차 빌딩만을 설계

하는 회사입니다.

그런데 이 회사가 처음 주차 빌딩을 지을 때만 해도, 주차 빌딩은 그저 주차만 할 수 있으면 되는 건물이었습니다. 그러다 보니 어둡고 더러워서 밤길을 오가는 여인이나 가족들을 상대로 한 강도사건이 빈번하게 발생하는 상습우범지대가 되었습니다.

그런데 팀하스 사람들은 주차장의 가치를 다르게 보기 시작했습니다. 차 없이는 일상생활이 불가능한 미국에서 주차장은 집만큼이나 중요한 공간이므로, 어린아이나 여성들이 마음 놓고 드나들 수 있는 곳이어야 한다고 생각했습니다. 그래서 주차장이 갖고 있는 현실적인 문제들을 조사했습니다.

건물의 디자인이 조악해서 접근하기를 꺼려하는 도시의 흉물이다.
많은 차를 한꺼번에 주차할 목적으로 설계해서 내부에서 잦은 접촉 사고가 난다.
기둥이 많아 시야를 가려서 우범가능성을 예측하기 어렵다
특히 밤에는 조명이 어두워 노숙자들의 단골 거처로 변한다.
이런 모든 문제 때문에 여성과 아이들은 물론, 남성들도 잘

이용하지 않는다.

팀하스 사람들은 이 핵심 문제를 해결하고 주차 공간을 이용 자친화적으로 만들기 위해 먼저, 내부에 야간 조명시설을 충분히 설치하고, 낮에는 유리와 첨단 메탈 재료를 활용해 외부의 빛을 주차장 안으로 끌어들임으로서 24시간 주차내부 공간을 밝게 바꾸었습니다. 또한 주차장 내부에 기둥을 최소화함으로서 시야를 가리는 장애물을 제거하여 안전한 공간을 만들었고, 1층에는 시민들이 많이 이용하는 마트나 유명브랜드의 라이프스타일 숍을, 옥상에는 근사한 웨딩홀을 설계하여 사람들이 항상 붐비게 함으로서, 범죄가능성을 제로화 시켰습니다.

또한 사고를 방지하기 위해 각 주차공간을 넓혔을 뿐 아니라 쉽게 주차하고 나갈 수 있도록 경사형 전면 주차 구조로 설계했지요. 건물의 외관도 지역의 특유의 정서와 시민들의 자존감을 고려해서 지역 예술가의 작품을 설치하기도 하고 탁월한 디자인으로 오가는 건물의 품격을 높였습니다. 그렇게 도심의 흉물이었던 주차빌딩을 화려한 도시의 랜드마크로 변화시켰습니다.

차가 없이는 생활할 수 없는 미국 사회에서 '주차만 할 수 있으면 돼'라고 생각했던 기존의 주차문화에 '사람을 위한 쾌적하고 안전한 공간'이라는 가치를 창출함으로서 기업도 성공하고 미국 내 주차문화를 변화시킨 대표적인 사례입니다.

스토리텔링에도 이런 가치 창출의 노력이 필요합니다. 이 점을 생각하면서 위에서 언급한 A라는 인물을 다시 볼까요. 현재 A씨에 대해 B는 이렇게 말하고 있습니다.

> <u>성질 괴팍,</u> 45세. 샐러리맨, 경주 김씨, 장남. 유부남. 자녀 둘. 아내는 초등학교 교사, 노래듣기를 좋아한다. 술 조금 하고 <u>담배는 못한다. 말은 없지만 잘 웃는다. 가끔 무슨 생각을 하는지 알 수 없다. 어두운 색 옷을 좋아한다.</u>

밑줄 친 부분이 A에 대한 B의 생각과 평가가 담긴 부분입니다. 사람들과의 소통이 약한 A가 이런 소리를 듣는 것은 당연한 일인지도 모릅니다. 하지만 A를 좀 더 따뜻하고 긍정적인 눈으로 바라보는 사람이라면 이렇게 말할 수도 있습니다.

> <u>개성 있는 성격,</u> 45세. 샐러리맨, 경주 김씨, 장남. 유부남. 자녀 둘. 아내는 초등학교 교사, 노래듣기를 좋아한다. 술 조금

하고 담배는 못한다. 말 대신 매력적인 웃음으로 의사를 전
달하는 타입. 경솔하게 판단을 하기보다 오래 숙고하고 신중
하게 결정하는 편. 중견 샐러리맨다운, 어두운 계열의 단정
한 옷차림을 할 줄 안다.

똑같은 사람이지만 한 사람은 사무실에서만 마주치고 싶은
사람이고 또 한 사람은 무슨 일이든 함께 해도 괜찮은 사람처럼
보입니다. 이것이 대상에 숨은 가치를 어떻게 전달하느냐가 가
져오는 차이입니다.

스토리텔링은 전달의 마술 Magic of telling 이다

스토리와 스토리텔링의 차이점은 무엇일까요. 바로 전달입니
다. 스토리가 하나의 이야기로 머물지 않고 힘을 발휘하게 하는
데에는 텔링, 바로 전달이라는 과정이 필요합니다.

그런데 이 전달에 대해 많은 사람들이 오해하고 있는 것이 있
습니다. 그것은 스토리텔링이 '가능한 한 많은 정보를 잘 전하는
기술'이라고 생각하는 것입니다. 그래서 지자체나 기업을 대상
으로 스토리텔링 작업을 할 때마다 이것저것 더 넣어달라는 요

구를 받곤 합니다.

그런데, 스토리텔링은 '이야기를 전달하는 슈퍼컴퓨터'가 아닙니다. 스토리텔링은 어떤 대상의 정체성과 가치를 전달하는 작업이라기보다는 그 정체성과 가치의 매력과 의미를 일깨우는 작업에 가깝습니다. 그러므로 스토리텔링에서의 전달은 일반적으로 생각하는 전달과는 많이 다릅니다.

예를 들면, 요즘 대세인 SNS에는 상식적으로 볼 때 전혀 대중의 관심을 얻지 못할 거 같은 평범한 사람들의 이야기가 수백만, 수억 인구의 관심을 받는 경우가 흔합니다. 그들의 이야기가 남들은 모르는 비밀에 대해 말을 하는 것도, 완성도 높은 영상을 제공하는 것도, 엄청난 정보를 담고 있는 것도 아닙니다. 그저 하나의 팁을 매우 편안하게 전달하는 경우가 대부분이지요.

이처럼 SNS 이야기의 특징은 이야기의 완성도나 팩트 자체의 파워가 아닙니다. 이전의 이야기들이 공감, 공공성, 혹은 구성의 완성도에 있었다면 이들이 갖고 있는 이야기의 힘은 '진정성'과 '오픈 마인드' 혹은 '다름'에서 기인합니다. '다름'이 장벽이 아닌 매력이 되고, 소소한 매력이 '위대함'보다 더 큰 가치를 가지며 '공공성' 만큼이나 '개인의 감성'이 존중됩니다.

가장 큰 특징은 SNS를 좋아하는 이들의 대부분은 이야기를 하는 사람들이 전해주는 정보보다는 그들이 '자기 이야기를 하는 것'에 쾌감을 느끼고 공감한다는 것입니다. 자신과 별반 다를 것이 없는 사람이 방송을 하고 사람들에게 인기를 얻고 생계를 유지할 뿐 아니라 때론 재력가가 되기도 하고 세계적인 유튜버가 되는 것을 보면서 대리만족을 느끼고 용기를 얻어 자신의 이야기를 시작하는 디딤돌로 여긴다는 사실입니다. 이것이 바로 전달의 축제장과도 같은 SNS 세계의 속성이지요.

즉 스토리텔링의 핵심과도 같은 '텔링'의 세계는 무한한 가능성과 실로 무수한 접근방법이 있지만, '친근감'과 '매력'을 통해 공감대를 형성하는 것이 매우 중요합니다.

다시 한 번 스토리텔링의 핵심 요소를 정리해보면

스토리텔링은 정체성 찾기이다.
스토리텔링은 가치 창출이다.
스토리텔링은 전달의 마술이다.

3. 스토리텔링을 위한 지피지기

×
×
×

스토리텔링의 성패를 가르는 세 가지 비밀을 알았으니 ' 아, 바로 그거였어! 이제 나도 잘 할 수 있을 거야' 하면서 당장 스토리텔링에 도전을 해보고 싶겠지만, 이대로 스토리텔링에 뛰어들면 십중팔구 다시 원점으로 돌아오게 됩니다. 왜냐하면 스토리텔링에 영향을 미치는 것이 또 있기 때문입니다. 지피지기이면 백전불패라는 말이 있지요. 널리 알려진 속담이자 손자병법에 나오는 고사성어인데요. 저는 스토리텔링을 설명할 때 이 표현을 즐겨씁니다. 성공적인 스토리텔링을 위해서는 먼저 내가 다루고자 하는 스토리의 소재와 스토리를 다루는 작가인 나 자신을 잘 파악해야 하기 때문입니다. '소재 파악'은 다 되었다든가, '나 자신'은 누구보다 내가 더 잘 안다고 생각하는 순간, 스토리텔링은 이미 원점으로 돌아가고 있다는 것을 명심하세요. 이제부터 저와 함께 발견하는 소재와 당신 자신은 전혀 낯선 다른 것일 지도 모릅니다.

자, 그럼 함께 지피(소재) 지기(나 자신)의 흥미로운 여행을 시작해볼까요.

지피지기 스토리텔링의 출발점, 샘플링

그동안 다양한 대상을 상대로 스토리텔링 강의를 하면서 가장 중점적으로, 빠짐없이, 그리고 끈질기게 해온 작업이 바로 샘플링입니다. 여기에서 말하는 샘플링이란 스토리텔링의 대상물을 정확하게 파악하는 작업을 말합니다.

그런데 샘플링을 하자고 하면 의아해하는 사람들이 의외로 많습니다. 어떤 대상물이나 인물, 사건에 대한 스토리텔링을 할 때 그 자체를 '샘플'이라고 생각하는 경향 때문입니다. 이 단계에서 가장 흔히 발견되는 오류가 바로 '대상을 필요 이상으로 크게 보는 것'이지요.

언젠가 문화해설사 지망생들에게 다음과 같은 과제를 주었습니다.

글자 수로 1천자, 말로 했을 때 5분 이내의
이야기로 만들고 싶은 소재를 찾아 제출하세요.

이 질문에 대해 제가 받은 소재들은 대략 다음과 같은 것들이
었습니다.

덕유산
제주도 오름
어머니
나의 대학생활

대충 예상하긴 했지만 수강생들이 선택한 소재는 내가 기대
했던 것들보다 훨씬 더 광범위했습니다. 다시 과제를 내주었습
니다

덕유산 → 우리 집에서 덕유산으로 가는 가장 기분 좋은 방
법
제주도 오름 → 내가 처음 오른 제주도 오름에 관한 기억 3
가지
어머니 → 우리 어머니의 특별한 세 가지 버릇

나의 대학생활 → 나의 대학생활 중 잊지 못할 사건 한 가지

<u>위의 제시한 예보다 더 작은 소재를 찾아 다시 제출하시오.</u>

이 과제를 받은 이들은 곤혹스러워하며 돌아갔습니다. 그들 중 상당수는 제가 제시한 것보다 더 작은 소재를 찾지 못했습니다. 단 한 사람만이 숙제를 제출했는데 그것은 '우리 어머니의 특별한 한 가지 버릇' 이었습니다. 사실 이 소재 역시 제대로 이야기를 하자면 5분이라는 시간이 턱없이 부족하지요.

이처럼 보통 사람들의 경우, 스토리텔링의 대상을 매우 크게 보는 경향이 있고 그로 인해 대상물에 관한 잡다한 많은 정보를 다 쓸어 담은 듯한, 뭔가 내용은 많은데 듣고 나면 기억에 남는 것이 없는 그런 소비적인 스토리텔링을 하는 사례들을 많이 봅니다.

그러므로 좋은 스토리텔링, 영향력 있고 매력적인 스토리텔링을 하려면 가능한 소재의 범위를 좁히는 훈련이 필요합니다. 시대가 아닌 사건, 사람이 아닌 그 사람의 특정 버릇, 기억 혹은 한마디의 말, 특정 병이 아닌 특정 호르몬, 산 전체가 아닌 그 산에

존재하는 하나의 생태 단위-한 그루의 나무 혹은 벌레 등으로 좁혀야 합니다. 들어갈 수 있는 한 깊이 들어가야 하며, 쪼갤 수 있는 한 잘게 쪼개야 합니다. 아주 작은 벌레의 날개에 그려진 선의 길이 혹은 수에 대해서 이야기를 시작한다 해도, 관련된 정보를 다 찾는 것이 불가능할 만큼 엄청난 양의 사실과 정보들이 그 안에 들어 있기 때문입니다.

그러므로 스토리텔링을 시작하기 전에 내가 붙잡은 소재를 가능한 잘게 잘라내고, 나누고, 다시 털어내는 샘플링 작업을 통해서 내가 다루고 싶은 소재가 무엇인가를 더욱 명확히 했을 때 비로소 나만의 특별한 스토리텔링을 시작할 수 있게 됩니다.

몇 년 전, 경기도 파주에 위치한 캠프그리브스전 미군주둔지일대가 박물관과 영화세트장으로 변신해 일반인들에게 공개됐습니다. 드라마 〈태양의 후예〉의 촬영이 이루어지기도 했던 이 캠프의 한쪽에서는 판문점 중립국 감독위원회에서 민사장교로 근무한 적이 있는 스위스 사진작가 다니엘 팔러Daniel Thomas Faller 씨의 인상적인 사진전이 열렸는데요. 팔러씨는 한반도 분단의 아픔을 표현한 단 한 장의 대형 사진으로 찾는 이들에게 큰 감동을 주었습니다.

이 사진 속의 다리는 판문점의 '블루 브리지'입니다. 휴전선 안전을 책임 맡고 있는 중립국 감독 위원회 사람들만 오갈 수 있는, 한국 현대사의 가장 아픈 곳이기도 하지요.

팔러 씨는 이 점을 실감나게 전하기 위해 이 사진을 찍은 시각에 이 다리 주변에서 들리는 소리를 녹음하여 실제 크기로 들을 수 있도록 스피커를 설치했습니다.

그래서 이 사진을 보고 앉아 있노라면, 이 다리를 놓은 지 70년이 다 되어가도록 여전히 남과 북으로 나뉜 우리의 현실이 실감나기 시작합니다. 엄연히 한국 땅인데 한국인만 건너갈 수 없는 다리, 그 때문에 불과 50미터 남짓 떨어진 다리 건너편에 가기 위해서는 2천 킬로미터를 돌아서 가야만 하는 비극적인 한국의 역사를, 팔러씨는 이 한 장의 사진에 담았습니다. 그리고 다음과 같은 짧은 설명을 덧붙였습니다.

나는 기다린다.
내가 사랑하는 한국인 친구들이
이 다리를 자유롭게 오가게 될 그 날을.

3년 간 DMZ에서 찍은 사진은 수많은 사진 중에서 단 한 장의 사진을 선택해서 수 만 장의 사진보다 더 강력한 울림을 준 다니엘 팔러. 그의 선택은 최근 제가 만난 최고의 샘플링이었습니다.

지피지기, 나를 발견하는 100개의 물음표

인공지능과 사물인터넷으로 대표되는 4차 산업혁명 시대에 사는 덕분에 생각하는 냉장고, 생각하는 세탁기, 심지어 생각하는 보일러의 덕을 보고 있긴 하지만, 한편에선 인문, 사회과학 분야의 거의 모든 직업이 사라질 것이라는 무시무시한 예측이 나오고 있습니다.

그런데 그 시대에 유일하게 살아남는 직업이 하나 있는데 바로 콘텐츠 생산자인 크리에이터, 즉 작가입니다. 왜냐하면 인공지능이 아무리 발달을 해도 인간의 감성과 이성, 삶의 경험과 상상력의 총합체인 창작을 할 수는 없기 때문이지요. 그래서 그냥 살아남는 수준이 아니라 더욱 몸값이 치솟을 것이라고 합니다. 인공지능이 발달할수록, 사물인터넷의 역할이 더욱 커질수록 더욱 수준 높은 콘텐츠 크리에이터를 요구하는 분야가 늘기 때문이라네요. 콘텐츠 생산자들은 물론, 콘텐츠 개발에 관심이 많은 당신에게도 귀가 솔깃해지는 얘기가 아닐 수 없습니다.

그런데 여기 한 가지 문제가 있습니다. 콘텐츠 개발은 마치 강 위에 견고한 다리를 놓듯 사실과 정보의 공학적 구축이 요구됩니다. 물론 공학적 원리와 공식과 경험들이 필수적이지만, 그보다 더 중요한 요인은 바로 이 모든 일을 수행하는 콘텐츠 엔지니어, 즉 작가 자신입니다. 이 영역은 오롯이 작가 자신의 몫이기 때문입니다.

그런데 스토리텔링이나 콘텐츠 구축 과정에서 우리가 흔히 놓치는 부분이 바로 지기, 즉 콘텐츠를 다루는 작가 그 자신에 대해 아는 것입니다.

팀 경기인 축구를 흔히 '감독의 스포츠'라고 합니다. 아무리 연봉 수백 억대의 스타플레이어가 있어도 감독의 판단과 선택이 승패에 결정적인 영향을 미치기 때문입니다.

스토리텔링도 마찬가지입니다. 스토리텔링은 설득력 있고 가치 있는 스토리 구축이라는 목표를 향해 가는 '작가의 주관적인' 공학이자 창작입니다. 또한 스토리텔링은 어떤 대상의 정체성과 가치와 본질을 아주 특별한 감동으로 전하는 기술입니다. 잘 전하려면 내 안에 견고한 가치 판단의 기준이 있어야 하며 자신의 판단에 대한 신뢰와 믿음이 있어야만 합니다. 결국 자존감, 자기 발견이 없이는 사상누각이 되기 쉬운 것이 바로 스토리텔링입니다.

스토리텔링을 하는 대상에 대해 잘 알아야 하는 만큼, 창작을 담당하는 작가(자신)에 대해 올바른 인식을 갖는 것이 매우 중요합니다.

그런데, 놀랍게도 피사체에 대한 연구에는 상당한 경험과 능력과 전문성을 갖고 있는 작가들 중에도 자신의 정체성에 대해서는 지극히 피상적인 인식을 갖고 있거나 지나친 자기 비관 혹은 자기 과신을 하는 경우가 많습니다.

그래서 스토리텔링을 하기 전 한번쯤 작가 자신을 재발견하는 과정이 필요한데, 이를 위해 꼭 권하고 싶은 것이 '나를 향한 탐험. 100개의 물음표' 100 questions for finding identity 입니다. 이 질문들은 국내외의 다양한 교육학자와 심리학자들에 의해 작성된 인성/적성/전문성/자아인식에 관한 설문연구를 바탕으로 본 집필진과 감수자가 재구성한 것으로, 작가가 '자신을 찾아가는 탐험'과 같은 과정입니다. 이제까지 알고 있었던 나 자신에 대해 다시 한 번 확인을 할 수도 있지만, 이 100개의 물음표 앞에 서보면, 이전에는 전혀 몰랐던 나에 관한 놀라운 사실들을 알게 될 것입니다. 또한 다른 사람들이 내 자신을, 나의 말을, 나의 행동을, 나의 표현을, 나의 삶을 어떻게 받아들이고 이해하고 있는가에 대해 대화를 함으로써 그동안 내가 인식하고 있는 나와, 나를 알고 있는 사람들이 알고 있는 나와의 차이를 발견하는 시간이 될 것입니다.

'나를 향한 탐험. 100개의 물음표' 100 questions for finding identity 는 나를 찾아가는 이들을 돕기 위한 길잡이입니다. 내면적 기질과 겉으로 드러나는 취향, 그리고 나의 가치관과 소통방식 그리고 나의 꿈과 내일을 알아보는 다섯 개의 영역으로 구성된 100개의 질문에 답하는 동안 때로는 익숙한 때로는 낯설은 모습의 나를 재발견 할 수 있게 될 것입니다. 이 질문지를 효과적으로 활용하기 위해 다음과 같은 진행방식을 권합니다.

1. 나에 관한 100가지 질문에 답해줄 가장 가까운 3-5인 이상을 확보하십시오. 이때 지인들끼리 서로 친할 필요는 없습니다.
2. 참가한 '응답자'가 반드시 기억해야 할 사실은, 이 질문은 '맞는 답'을 요구하는 게 아니라 '응답자의 생각'을 요구한다는 것입니다. 즉 응답자의 생각이 정답입니다.
3. 이 테스트는 지인들만 모여서 진행한 뒤 결과를 자세한 설명과 함께 통보하고 '나'의 질문을 받는 것이 가장 이상적이지만, 경우에 따라서는 '나'와 지인들이 함께 앉아 대화식으로 진행할 수도 있습니다. 대화식인 경우에는 예상 밖의 대답과 설명을 통해서 나에 관한 객관적인 인식을 할 수 있다는 장점이 있습니다.

이상과 같은 점에 유의하면서 나를 찾아가는 100개의 질문 앞에 서보기로 하지요.

1. 기질 ～～～～～～～～～～～～～～～～～～～～～～～～～～～～～

1. 나의 성격은 (다혈질, 심사숙고형, 진취적, 명랑한) 편이다. (2개 선택가능)
2. 나의 기분은 대체적으로 (유쾌한, 신경질적인, 안절부절하는, 안정감이 있는) 편이다.
3. 나는 사람들을 유쾌하게 만든다 /불쾌감을 주진 않지만 밝지는 않다.
4. 나는 콤플렉스가 (심하다. 약간 있다. 거의 없다. 전혀 없다.)
5. 나는 사람들이 좋아하는 편이다. 꺼리는 타입이다.
6. 나는 내가 세운 계획을 잘 지키는 편이다.
7. 나에게는 구체적인 꿈이 있다.
   /뭔가를 하고 싶다거나 되고 싶다거나 한 적이 없다.
8. 나는 친구가 많은 편이다/소수의 사람들과 우정을 나누는 편이다.
9. 나는 사람들과 함께 있는 시간이 많고 좋아한다.
   /나는 사람들과 함께 있는 것보다 혼자 조용히 있는 걸 좋아한다.
10. 나는 돌아다니는 것을 좋아하는 편이다. 집에 있는 것을 좋아한다.

11. 나는 예감이나 직감을 통해 다른 사람들이 인지하지 못하는 기회를 잘 포착한다.

12. 나는 목적을 위해서는 재미없는 일도 무수히 반복하곤 한다 vs 그 반대이다.

13. 나는 독서, 실험, 아이디어 구상 등 뭔가를 연구할 때 가장 편하다.

14. 나는 자유로운 삶을 추구하는 편이다 vs 안정된 삶을 선호하는 편이다.

15. 나는 일을 할 때, 발상의 전환이 뛰어나다vs 맡은 일을 성실하게 해내는 스타일이다.

16. 내가 선택하는 결혼 상대는 (매력적인 사람, 안정된 사람)이다.

17. 나는 결혼생활에 만족할 스타일이다. 결혼을 하면 답답해할 타입이다.

18. 나는 혼자 일하는 것을 좋아하는 편이다./팀으로 일하거나 활동하는 것을 선호한다.

19. 나는 배우기 좋아하며 기꺼이 모험하는 편이다/돌다리도 두드려보고 가는 타입이다.

20. 내 삶의 가장 큰 기쁨은 (성취, 관계, 평화로운 일상, 새로움, 그 외)다. (그외_)

2. 취향

1. 나의 음악 취향을 가능한 구체적으로 말하면 (   )이다.

2. 내가 그림을 산다면 (   )의 작품을 산다.

3. 내가 악기를 연주하게 된다면 (   )을 연주할 것이다.

4. 내가 가장 좋아하는 가수는 (   ) 이다.

5. 내가 가장 존경하는 인물은 (   )이다.

6. 내가 가장 신뢰하는 사람은 (   )이다.   (가족제외)

7. 나는 하이힐보다는 단화가 어울린다. (여성인 경우)

8. 나는 구두보다는 운동화가 어울린다. (남성인 경우)

9. (청바지, 면바지, 정장바지)가 어울린다.

10. 나는 (정장, 캐주얼, 개성있는 디자인의 옷)이 어울린다.

11. 나는 혼자서도 어디서든 밥을 먹을 수 있다

12. 나는 혼자서도 영화를 볼 수 있다.

13. 나의 취미 생활은 (   )이다.

14. 만일 운동을 배우기 시작하면 잘 할 거 같다.

15. 나는 대체적으로 웃는 편이다/심각하거나 화난 표정을 짓다.

16. 나는 단체운동을 좋아한다./ 나는 개인 운동을 좋아한다.

17. 나는 내 스타일을 위해 쓰는 돈을 아까워하지 않는다.

18. 나는 알 없는 안경을 써본 적이 있다. 스타일을 위해.

19. 나는 외출 준비하는 데 시간이 많이 걸리는 편이다.

20. 나는 좋아하는 헤어스타일과 어울리는 헤어스타일선호도가 분

명하다.

3. 철학과 가치관 〰〰〰〰〰〰〰〰〰〰〰〰〰〰〰〰〰

1. 나는 지금의 삶에 (매우 만족한다. 만족한다. 답답함을 느낀다. 최선을 다한다)

2. 나는 내가 필요하다고 생각되는 상황이 오면 행동하는 편이다.

3. 인생은 살만한 가치가 있다고, 행복은 마음먹기에 달렸다고 생각한다.

4. 과거를 후회하거나, 희노애락에 연연하지 않고 매사 초연한 편이다.

5. 공과 사를 명확하게 구분하는 편이다.

6. 직장 선택 기준에서 가장 중요한 것은 월급이다.

7. 나를 성장시킬 수 없는 직업은 나에게 매력적이지 않다.

8. 부자 되기와 행복해지기 중 한 가지를 택하라면 나는 (   )를 택한다.

9. 직종, 분야에 관계 없이 그 분야에서 인정받고 존경받는 사람을 가치 있게 생각한다.

10. 대개의 경우 나는 이타적이다. vs 희생하지는 않지만 해결해주

　〈〈〈〈〈〈〈

려고 노력한다. vs 마음이 쓰이기는 하지만 각자 해결해나가야

성장한다고 생각한다.

11. 나는 사소한 것이라 할지라도 법을 어길 사람은 아니다.

12. 나는 행복한 삶을 위해 인간관계가 중요하다고 생각하고 (좋은 관

계를 유지하기 위해) 늘 노력한다.

13. 나에게 의미 있는 일을 위해, 안정된 일상과 보장된 미래를 포기

할 수 있다.

14. 사람은 어떤 상황에서도 자신의 적성과 재능에 맞는 일을 해야

한다고 생각한다.

15. 나는 진정한 사랑의 (경험이 있다. 하고 있다. 만날 것을 기대한다. 기대 않

는다.)

16. 위급 상황 시 내가 지켜야 할 최우선 순위는 (가족, 지금 내 옆에 있

는 사람)이다.

17. 나는 재능기부나 봉사활동을 한 적이 있고, 사회구성원으로 당

연하다고 여긴다.

18. 나는 유산을 자녀에게 물려주지 않고 사회에 환원할 타입이다.

19. 나는 기회가 된다면 기꺼이 장기 기증을 할 사람이다.

20. 결정적인 순간이 오면, 나는 누군가를 살리기 위해 나의 목숨을

포기할 수 있다.

4. 일상과 소통방법 〰〰〰〰〰〰〰〰〰〰〰〰〰〰〰〰〰

1. 여가시간을 잘 보내는 것을 일을 열심히 하는 것만큼이나 중요하다고 여긴다.

2. 주변 사람 (누구나와, 일부 친한 사람들과) 친하게 지내는 편이다.

3. 말로 상처를 주지 않으려고 노력하고 늘 주위 사람을 격려해주는 편이다.

4. 내가 가장 관심이 많은 뉴스는 (정치, 경제, 휴먼, 해외, 특종)이다.

5. 나는 평소 (TV보다 라디오를 더 많이, 영상보다는 음악을 더 많이) 접하는 편이다.

6. 나는 궁금한 것이 있을 때, (사람들에게 의견을 묻는 편, 스스로 정보를 찾는 편)이다.

7. 나는 일보다는 사람이 우선이다. 나는 일을 할 때는 일이 우선이다.

8. 남의 잘못에 대해 용서를 잘 하고 곧 잊는 편이다.

9. 나에게 용기를 주고 힘이 되어주는 사람들이 많은 편이다.

‹‹‹‹‹‹‹

10. 나에게 가장 중요한 이들은 가족이며 늘 시간을 함께 보내려고 노력하는 편이다.

11. 다른 사람들이 나에 대해 하는 말, 생각, 평가는 거의 의미가 없다고 여긴다.

12. 업무를 맡길 때 지시를 하기 보다는 권유하는 말로 한다.

13. 남들과 의사소통을 할 때 명확하게 내 의견을 제시하는 편이다.

14. 나는 비유나 예를 들어서 쉽게 설명을 잘하는 편이다.

15. 나를 자기 자신처럼 생각하는 친한 친구가 (있다. 없다. 여럿 있다).

16. 나의 귀에 들어온 남의 비밀은 절대 누구에게도 새어나가지 않는다.

17. 나의 지식과 정보를 독점하기 보다 동료들과 아낌없이 공유하는 편이다.

18. 유쾌한 태도로 사람들을 대하고 예의를 갖추려고 노력하는 편이다.

19. 나는 작은 일에도 감사 표현을 잘 하는 편이다.

20. 우연히 만난 장애인이나 어려운 상황에 처한 사람을 잘 도와주는 편이다.

5. 삶의 목표와 미래 ~~~~~~~~~~~~~~~~~~~~~~~~~~~~~~~~

1. 나는 나의 적성과 재능을 잘 알고 미래에 대한 구체적인 목표가 있다.

2. 내가 설정한 삶의 목표는 이상적이라기보다 실천 가능한 것들이다.

3. 목표가 정해지면 열정적으로 전념해서 반드시 이루는 타입이다.

4. 나는 '하고 싶은 일'보다 '해야 할 일'을 먼저 하는 편이다.

5. 나는 지금의 내 상사나 동료보다는 나은 삶을 살고 싶어 한다.

6. 나는 전문성이 있는 사람과 독창적인 사람 둘 중 한 사람을 택하라면 어떤 사람을 택할까.

7. 나에게 가장 중요한 우선순위는 (일, 가족, 나의 성취감, 친구) 순이다.

8. 돌이킬 수 없는 실수나 실패를 했을 때, 회복이 빠른 편이다.

9. 예측되는 미래의 나은 삶을 위해 지금의 안정된 가족, 친구에게 희생을 요구할 수 있다.

10. 나는 (권위 있는 사람, 존경받는 사람, 성공한 사람, 행복한 사람)이 되고

<<<<<<<

싶다.

11. 내가 열심히 일하는 이유 중 하나는 나의 (부모 혹은 자녀)를 위해서다.

12. 나는 늘 지금과는 전혀 다른 미래를 꿈꾼다.

13. 나는 지금도 어릴 때 꿈을 품고 있고, 꿈을 이루면 행복할 것이라 생각한다.

14. 나는 진정한 우정의 (경험이 과거에 있었다. 현재 있다. 만날 것을 기대한다. 전혀 기대하지 않는다.)

15. 내가 위급한 상황에 처했을 때 가장 먼저 연락할 사람은 (부모, 형제, 배우자, 자녀) 이다.

16. 노년의 나는 지금보다 (힘들, 외로울, 지금과 비슷할, 더 행복할)것이다.

17. 나의 행복한 미래를 위해 내가 지금부터 시작해야 할 일이 있다면?

18. 10분 후 내가 죽는다면 누가 가장 보고 싶을까.

19. 지금, 가장 하고 싶은 일을 할 수 있다면, 나는 무엇을 할까.

20. 내가 세상을 떠난 뒤, 사람들은 나를 어떤 사람으로 기억할까.
(짧은 문장으로 표현)

4. 스토리텔링 매뉴얼, 12섹터 분석법

×
×
×

오랜 경험을 통해 얻게 된 스토리텔링의 방법, 즉 스토리텔링의 핵심이 되는 3가지 요소를 기초로, 누구나 활용할 수 있도록 매뉴얼을 작성하게 되었는데 그것이 바로 12섹터 분석법입니다. 사실 이 책은 이제부터 설명하게 될 '스토리텔링 매뉴얼, 12섹터 분석법'^{이하 12섹터분석법} 때문에 탄생하게 되었습니다.

'12섹터분석법'이란 그동안 다큐멘터리와 드라마, 광고와 영화 시나리오, 그리고 기업과 지자체의 콘텐츠개발 관련 프로젝트를 해오면서 나름대로 발전시켜온 스토리텔링 방식을 하나의 툴로 정리한 것입니다. 이 툴은 대상에 대해 미처 알지 못했던 매우 중요한 사실을 일깨워주었고 종종 상상도 못한 신선한 방향으로 사고를 열어줌으로서 독창적이면서도 매력적인 스토리텔링과 브랜딩을 가능하게 해주어서, 어떤 작업을 하던지 마치 하나의 공식^{매뉴얼}처럼 샘플을 이 툴에 넣어보는 습관이 생겼습니다. 구체적으로 말하자면, 12개의 분석경로를 통해 샘플이 가진 본질과 핵심가치를 발견해내어 이를 바탕으로 진정성 있는 스토리텔링의 방향을 결정하고 스토리의 전달력을 높이는 것이지요. 간단히 정의를 내리면 다음과 같습니다.

스토리텔링 및 콘텐츠개발의 소재 및 대상물의 적절한 샘플링과 선정된 샘플의 본질적인 정체성과 가치 발견, 그리고 전달력 제고를 위한, 12단계의 분석 매뉴얼.

물론 이 매뉴얼이 대본집필이나 시나리오 집필, 광고 카피의 집필 단계까지 포함하고 있는 것은 아닙니다. 하지만 이 분야의 전문가들이 모두 알고 있듯이 콘텐츠개발이나 브랜딩에 있어서 가장 중요한 작업은 본격적인 창작 직전 단계, 즉 자신을 창작의 단계로 이끌고 가는 강력하고 명쾌한 결론을 확보하는 것입니다.

그런데 이 매뉴얼은 방송, 시나리오, 스토리텔링 작업을 20년 넘게 해온 개인의 경험을 통해서 얻은 결과물입니다. 모든 사람에게 적용할 수 있다고 단정 지을 수는 없으나, '내가 다루고 있는 소재를 보다 명확하게 보고' 그 소재를 전달할 수 있는 '보다 효과적인 방법'을 찾아내는데 활용할 만한 '리트머스 시험지'의 역할을 하기엔 충분한 장치라 할 수 있습니다.

12섹터분석법이란?

자, 그럼 이제부터 본격적으로 12섹터분석법에 대해 알아볼까요. 먼저, 12섹터분석법은 아래와 같이 도식화 할 수 있습니다.

정체성 identity	프로필 profile	배경/역사 history	평가/사료 reputation references	현재상태 now
가치 value	진정성 authentic	독보성 unique	시의성 timeliness	수요력 wanted
전달잠재력 telling potential	캐릭터파워 character power	관점전환성 change of frame	연결성 hook & llink	지속성 sustainability

좀 딱딱했나요. 그럼 이렇게 정리를 해보지요. 광해군을 소재로 영화를 만들자는 제안이 들어왔을 때 '12섹터분석법'에 의거해서 대화를 한다면 이런 식으로 전개되기도 합니다.

Identity   **이번 영화 주인공은 누구야?**

profile   광해군. 조선 15대왕. 1575년에 태어나 1624년에 사망함. 재위기간은 1608년-1623년. 인조반

정으로 폐위되어 18년간 유배를 살다가 사망. 아
들 이질과 며느리, 부인도 모두 사망.

history 어렸을 때부터 영민했으나 질투가 많은 아버지
선조 밑에서 상처를 많이 받음. 전시에 세자로 책
봉된 것도 형인 임해군을 보호하려는 아버지 선
조의 명령이었고, 전쟁중 민심을 얻은 그는 세자
에 책봉되지만, 전쟁이 끝나자 아버지 선조는 그
를 폐세자 하고 동생 영창대군을 세자로 옹립하
려고 했다가 실패. 왕위에 오른 뒤에는 이런 정치
적 왜곡으로 인한 문제를 해결하고 안정을 찾기
위해 영창군, 과 인목대비를 폐위하는 과정에서
서인들의 반발을 삼. 이로 인해 인조반정으로 인
해 폐위됨.

reputation 대왕권을 안정시키기 위해 영창대군과 임해군을
제거하고 인목대비를 유폐시켰다는 이유로 서인
들에 의해 폭군으로 낙인찍혔으나, 과거 태종과
세조에 비하면 이 정도는 폭군이라기엔 지나침이
있다는 학계의 재조명이 이루어지고 있음. 당시
서인과 북인들간의 정치적 갈등 속에서 희생되었

다고 보는 편이 다수.

now   15년의 재위기간보다 더 긴 세월(18년)을 유배생
활을 하다가 제주도에서 사망. 묘소는 남양주에
있다. 최근 광해군에 대한 재평가가 이루어지고
있는 추세.

Value   **다룰 만한 가치가 있나?**

authentic   냉정히 보면 세자시절부터 나라와 백성에게 상당
히 기여한 게 많은 훌륭한 왕 중의 한사람. 전후
의 어려운 시기에 외교문제를 기가 막히게 풀어
낸 것도 그렇고, 기득권층인 사대부의 반대를 무
릅쓰고 대동법을 추진한 것만 해도 세종, 정조에
버금가는 군주라고 볼 수 있음. 그에 비해서 너무
혹독하게 저평가 되어 있다는 점에서 드라마틱한
최고의 소재.

unique   조선의 임금 중에 가장 평가절하된 인물 중 한 사
람. 지금도 역사학자들 사이에 논란이 많다.

timeliness	글로벌 시대인 만큼, 월한 외교력이 그 어느 때보다도 필요한 시대. 외교천재 광해군 이야기는 통쾌하고 스릴 넘치는 대리만족을 주고 민족적 자부심을 심어줄 수 있음.
wanted	광해군 이야기면 뭐든 호기심을 갖고 보는 관객들이 늘고 있음.

Telling 어떻게 전달하면 좋을까?

character	주인공은 무조건 톱스타여야 해.
change of frame	

대체적으로 광해군 이야기는 무거웠지. 좀 가볍게 갈 수 없을까?

광해군은 15년동안 왕위에 있었는데 유배생활은 18년이나 했어. 그 동안 누구도 광해군을 죽이지 않았고 스스로도 죽으려고 하지 않았어. 당시 정치에 방해가 되지 않았다는 뜻이자 광해군으로서도 살만한 의미가 있었다고 좀 더 적극적으로 해석할 수 있다면 재미있는 발상이 가능해. 병자호란은 외교부재로 인해 빚어진 전쟁이라고 하지.

인조가 비밀리에 제주도에 유배된 광해군을 만났다는 발상에서 스토리를 풀어보면 어때?

hook & llink   '주인공 배우 맞추기' 캐스팅 예측 이벤트 하면 어떨까? 결국 누가되든 톱스타들의 이름이 거론 될 거고 그만큼 홍보효과는 확실할 거 같은데? 그리고 맞추는 사람한테는 '주인공배우와 극적 만남의 기회를 부여하는 건 어떨까.

sustainability   오래두고 봐도 좋은 영화, 가장 광해군 다운 광해군을 표현해서 광해군 영화 중에 최고의 영화로 갈 수는 없을까?

조금 감이 오나요? 이 12개의 항목^{sector}들은 우리가 전하고자 하는 대상이 갖고 있는 본질과 가치, 그리고 전달 잠재력을 측정하고 발전시킬 수 있는 가능성을 다양한 접근을 통해 수치화함으로서 스토리텔링을 보다 분석적이며 과학적으로 접근할 수 있도록 도와줍니다.

하지만, 이 매뉴얼은 개인이 갖고 있는 독보적인 창의성과 스토리구성의 타고난 재능까지 수치화 하지는 않습니다. 이 매뉴얼은 그런 창의적인 구성 작업 이전에 우리가 선택한 대상을 잘 알지 못한 데서 오는 시행착오를 줄여주고, 각자가 갖고 있는 대상을 보고 분석하는 한계를 보완하여 보다 통합적이고 객관적인 눈으로 대상을 보게 해주며 가장 효과적인 방향을 찾아내도록 돕는 일종의 '필터링' 장치라고 할 수 있습니다.

12섹터 이해하기1, 정체성 찾기 finding identity

이제 12가지 항목에 대해서 살펴볼까요. 여기서는 다양한 대상의 샘플링을 비교하기 위해 손흥민과 세종(이상 인물) 그리고 어린이대공원(장소)을 샘플링의 대상으로 정합니다. 먼저 정체성을 찾아내기 위한 4가지 섹터, 프로필profile 배경/역사background, history 평가/사료records 현재상태now, present situation에 대해 알아보도록 하겠습니다.

첫 번째 상자, 프로필 Profile

"손흥민? 그 사람이 누군데?"

누군가가 이렇게 물었다면 이 질문에 대한 가장 1차적인 답, 즉 어떤 사람, 혹은 대상을 알기 위해 우리가 맨 먼저 알아야 하는 기본정보, 이것을 이 책에서는 편의상 프로필이라고 부르려고 합니다. 정체성을 파악하기 위해 가장 먼저 손에 쥐어야 하는 것이 '정확한 기본정보'입니다. 대상의 이름과 그 이름의 배경에서부터 대상에 관한 많은 정보 중에 가장 기본이 되는 정보를 확보해봅시다.

〈예〉 손흥민   1992년 7월 8일 출생. 183센티. 발사이즈 255. 큰 키에 비해 발이 작다. 한국대표 축구팀과 영국 축구클럽 토트넘 홋스퍼 소속 축구선수. 만 16세에 독일 함부르크팀에 스카우트되어 해외진출. 2015년 아시아출신 축구선수 역대 최고 이적료를 받고 영국 프리미어리그 토트넘 홋스퍼로 이적. 2019년 영국BBC 선정 '역대최고 아시아 선수'.

세종   조선 4대 임금. 시호는 영문예무인성명효대왕. 1397년 5월 15일(음력 4월 10일) 출생. 재위 1418-1450 (31년 6개월). 휘는 도(裪), 자는 원정(元正), 아

명은 막동(莫同, 막내). 태종과 원경왕후 민씨의 3
남으로 태어남. 왕세자로 책봉된 형 양녕대군이
비명을 일삼자 형을 대신해 세자로 책봉된 뒤 왕
위를 계승함. 한글창제, 4군 6진 개척을 비롯한
많은 공적을 남김. 조선시대 조선 사람으로 태어
나 조선의 왕이 된 첫 임금이기도.

서울어린이대공원

서울 광진구 능동로 216번지에 위치한 가족 휴
양 공원으로. 1973년 5월 5일 최초로 개장하
여 1986년 5월 5일에는 어린이 입장을 무료화.
2006년 10월 14일부터는 모든 입장객이 무료로
들어갈 수 있게 되었음. 전체 면적 약 53만 6천
㎡. 녹지와 숲이 약 절반의 면적을 차지하고 있고
잔디밭과 기타 시설이 절반을 차지한다. 전체 둘
레는 약 4킬로미터. 정문을 비롯해 9개의 문이 있
고 4천 여 마리의 동물이 있는 동물나라, 286종
의 온실식물과 66종의 야생화가 있는 자연나라,
다채로운 놀이기구를 갖춘 놀이나라 외에도 야외
공연장, 축구장, 테니스장 등 다양한 가족체육시

설을 갖추고 있음.

이외에도 대상물에 관한 기본 정보는 무엇이든 확보하고 진위 여부를 확인해야 합니다. 대상이 장소나 물건일 경우 직접 현장 탐사 또는 진품 확인 등을 통해 기록이나 정보를 확인합니다. 인물인 경우, 가족관계, 활동내역, 주요 저서, 왕의 경우에는 재위 기간 중 그가 결정하여 실행한 정책과 유언과 남아 있는 묘소의 위치 등도 확인하여 기본 정보를 충실히 확보합니다.

두 번째 상자, 배경 Background

"축구는 어떻게 시작했대? 독일에는 어떻게 오게 됐지?"

인물이나 기업의 역사, 즉 사람인 경우는 커리어, 문화재나 문학작품의 경우 제작과정, 자연물인 경우 생물학적 성장과정을 의미합니다. 특히 이 때에는 각 대상의 기본정보와 대상이 존재했던 시기에 영향을 미칠 만한 가까운 주변 환경의 변화와 시대적 변화, 지정학적인 특이 사항들과의 관계를 살펴보아야 합니다. 문화재나 문학작품의 경우 탄생시기의 시대적 배경을 조사하고 자연물일 경우 생물학, 지정학적인 시대적 특징을 함께 파악해봅시다.

〈예〉 **손흥민**   축구출신 선수인 아버지 손웅정이 부상으로 현역에서 일찍 은퇴한 뒤 '유소년 축구 지도자'로 방향을 전환한 뒤 자기 자녀들을 직접 가르치기 시작함. 이 때문에 차남 손흥민은 제도권 축구교실을 가지 않고 아버지 밑에서 축구를 배웠음. 이 시기 손웅정은 손흥민이 공을 자유자재로 다룰 수 있을 때까지 '특별한 축구 테크닉'을 가르치지 않았는데 이것이 오늘날의 손흥민 축구를 만든 기틀이 되었다고 평가받고 있음.

    세종   왕의 3남으로 태어나 대군에 봉해졌으나, 왕이 될 수도, 과거를 치러 공직에 나갈수도 없는 종친의 신분. 그러나 어려서부터 남달리 총명하여 아버지 태종이 특별히 취미생활을 즐길 수 있도록 배려. 이런 환경 속에서 학문은 물론 미술, 음악, 수석 등 다양한 분야를 두루 섭렵하였다. 아버지 태종이 피비린내나는 왕위 쟁탈전을 통해 왕이 되었기 때문에 강력한 장자계승의 원칙을 세웠으

나, 장남 양녕대군의 비행이 계속되면서 태종이
장자계승의 원칙을 버리게 되고, 이에 따라 충녕
의 왕위계승의 길이 열림. 또한 태종은 왕의 정치
에 방해가 될만한 외척, 공신, 친척을 모두 사전
에 제거, 심지어 세종의 장인까지 역모죄를 씌워
유배를 보내고 그 일족을 천민으로 만들었다. 이
런 상황에서 왕위에 오른 세종은 자신의 생각대
로 마음껏 정사를 펼칠 수 있게 됨.

서울어린이대공원

원래 이곳은 대한제국 마지막 임금인 순종황제의
황후인 민시 순명황후의 능역으로 순종황제가 직
접 이곳까지 행차했던 유서깊은 곳이었음. 1926
년 순종황제가 세상을 떠나면서 황후의 묘도 현
재 남양주시 순종황제 묘역인 유릉으로 이장됨.
그로부터 3년 후인 1929년, 영친왕이 한국골프
선수 육성을 위해 이 땅을 무상으로 대여해주면
서 서울컨트리클럽이 들어섰다가 1972년 박정희
정부가 다시 이 땅을 무상으로 넘겨받아 어린이
들을 위한 공원을 조성함.

세 번째 상자, 평가/사료 Records

"같은 팀 동료나 축구전문가들 평은 어때?"

 어떤 대상에 관한 기본정보나 배경만으로는 알 수 없는 제 3
의 정보들을 바로 이런 전문가나 주변 사람들의 평가 속에서 얻
을 수 있습니다. 프로필과 배경이 대상을 직접적으로 깊이 들여
다보는 방법이라면, 사료나 평가서 등을 통해 대상물을 포괄적
이고 객관적인 시각으로 대상을 파악하는 방법입니다. 이를 위
해 꼭 확보해야 할 자료가 대상물과 관련된 다양한 분야의 전문
가들의 연구결과나 기록들입니다. 역사적으로 중요한 인물이나
대기업, 주요 문화재와 유명 문학작품의 경우는 다양한 기록과
연구결과, 언론의 주요 뉴스와 주요 홍보자료 등도 이에 속합니
다. 대상인물과 같은 분야에 있는 다른 이들을 취재하는 것도 대
상 인물을 이해하는 데 도움이 됩니다.

〈예〉 손흥민　　　관련보도자료 다수. 축구관계자들의 평가어록도
　　　　　　　　다수. 축구관련 기록, 역대 전적 등 다수. tvn 다
　　　　　　　　큐 '손세이셔널' 외

| 세종 | 조선사 연구 전문가들에 의한 연구 논문 다수 |
| | 관련 유적지 다수 (묘, 박물관, 기념관, 한글박물관 등) |

서울어린이대공원

홈페이지 https://www.sisul.or.kr/open_content/childrenpark/

서울 어린이대공원 집단이용사 공원이용 행태에 관한 연구/이경진,서울대학교

통합놀이터 계획 및 설계: 서울어린이대공원 / 이영범외3명, 한국조경학회

레더링을 이용한 도시공원이용객의 가치체계에 관한연구/임지은 외 1명,한국관광협회

서울어린이대공원 내 동물원의 변화과정/김동훈 외1명 , 한국조경학회

그외 다수

그런데 여기에서 한 가지 주의할 것이 있습니다. 모든 기록들은 사실 그 수위는 다르지만, 시대적, 개인적인 영향을 받게 됩니다. 심지어 역사 사료라고 할지라도 그 시대별 정치적 배경에 따라 사관들의 기록 내용이 객관성을 잃는 경우도 빈번합니다. 그러므로 특별히 대상물에 관한 평가서를 볼 때에는 그 시대적

인 배경 안에서 이해를 하고 살펴보는 것이 매우 중요합니다.

네 번째 상자, 현재상태 Now

'서울대공원, 요즘은 어때? 시설 괜찮나?"
"손흥민이란 선수, 가장 최근 성적이나 평도 괜찮은가?"

우리가 샘플로 선정한 축구선수 손흥민은 실존 인물로 지금도 여전히 생생하게 자신의 역사를 써가고 있고 세종 역시 전문가는 물론 일반인들까지도 변함없이 관심을 가지고 있는 인물이기 때문에 문제가 없습니다만, 이 항목은 특히 오래된 문화유적이나 역사적인 배경 속에서 묻혀 있던 문학작품의 경우 더욱 그 중요성이 커집니다. 뿐만 아니라 우리나라 전국 곳곳에는 아직도 그 평가가 절하되어 제대로 역사적 조명을 받지 못한 유적들이 상당수이지요. 당시의 정치사회적인 분위기 때문입니다. 하지만, 대상물의 현재 상태가 얼마나 매력적인가에 따라 상황이 많이 달라질 수가 있습니다.

예를 들어, 역사 속 영웅들에 관한 스토리텔링을 하는 경우, 조선시대나 고려 말 정도만 해도 그 흔적들이 남아 있지만, 더 위로 올라가면 그가 아무리 매력적인 인물이라 해도 현재 남아 있는 흔적을 찾기는 하늘의 별따기입니다. 판타지 영화나 작가의 순수한 상상력에 의존해야 되는 고대의 인물들은 작가에 따라 때론 원시인으로. 때로는 근대의 조선시대 인물이나 거의 다를 바 없는 옷차림으로 등장합니다. 그만큼 신뢰도가 떨어지지요. 그래서 스토리텔링을 하는 사람은, 다뤄야 하는 인물이나 대상이나 사건이 아무리 중요하고 의미가 있다고 하더라도, 현재 감각적으로 다가갈 수 없는 '상태'라면 그만큼 효과가 줄어든다는 점을 냉정하게 평가하고 염두에 두어야 합니다.

이렇게 4가지 섹터를 통해 우리가 다루고자 하는 대상의 정체성을 파악했다면 다음의 질문을 다시 한 번 해보아야 합니다.

–이상의 과정을 통해서 확보된 정보는 어떤 시대, 어떤 상황에서도 변함이 없는 사실들인가?

이 과정에서 완수해야 한 가지의 중요한 목표는, 확보된 정보를 바탕으로 실존하는 대상물의 정체성을 명확하게 파악하는 것입니다. 그러므로 이미 확보된 정보의 진위를 확인하고 대상물에 관한 개인적인 느낌보다는 객관적이고 전문적인 보고서등을 바탕으로 다각적이고 통합적으로 대상물을 파악하려는 노력이 필요합니다.

12섹터 이해하기2, 가치재발견 Value Developing

대상이 정체성 파악이 끝났다면, 이제 가치재발견의 미션과 씨름을 할 차례입니다. 가치 부분을 굳이 '재발견'이라고 표현하는 이유가 있는데 '가치'란 만들어내는 것이 아니라 이미 대상물이 갖고 있는 '정체성' 혹은 '본질'에 숨어 있는 가치를 '새로운 눈'으로 발견해내는 것이기 때문이다. 그리고 그것을 바탕으로 그 시대와 대상, 구성원에게 필요한 가치를 부각시켜 새로운 차원으로 나아가게 하는 것을 '가치창출'이라고 표현하기로 합니다.

그런데 여기에서 가장 중요한 것은 '없는' 것을 '인공적으로 만들어' 넣은 것이 당장은 힘을 발휘하는 것처럼 보여도 원칙적으로 그것은 '허위'이기 때문에 '생명력'이 짧습니다. 아무리 요란스럽게 포장을 해도 얼마 가지 못해 잊히고 그 힘을 잃어버립니다. 그러므로 스토리텔링에 있어서의 '가치'개발이란 철저히

'정체성'에서 출발해야 한다는 사실을 꼭 기억해야 합니다. 내가 다루고자 하는 소재의 가치의 재발견, 혹은 숨겨진 가치를 발견해내어서 새롭게 부각시키는 데 필요한 4개의 섹터는 진정성^{authenticity} 독보성^{unique} 시의성^{timeliness} 수요성$^{demand \& wanted}$입니다.

다섯 번째 상자, 진정성 Authenticity

누가 들어도 공감이 가는 감동 포인트가 있는가?

최근 몇 년 사이 주목받지 못했던 소재의 다큐 영화 두 편이 공전의 히트를 기록했습니다. 바로 '우엉소리'와 '님아, 저 강을 건너지 마소'입니다. 이 두 편의 다큐멘터리 영화가 성공한 가장 강력한 힘은 '평범한 사람들의 꾸밈없는 삶의 이야기'가 갖고 있는 진정성입니다. 아니 좀 더 정확하게 말하면 그 진정성이 잘 드러나도록 영상화한 감독의 비주얼 텔링의 힘이지요.

이 두 개의 소재는 공전의 히트를 날릴 만큼의 자극적인 소재가 아닙니다. 천재적인 젊은 예술가가 희귀 암으로 죽는 드라마틱한 주인공이 등장하지도, 역사와 시대에 그 이름을 남긴 최초,

<<<<<<<

최고, 혹은 최연소 등 화려한 인간 승리의 이야기도 아닙니다. 그저 지극히 평범해 보이는 보통 사람의 삶, 작은 이야기입니다.

그러나 최선을 다하여 사랑하고 함께 하는 삶을 예리한 관찰력과 따뜻한 시선, 그리고 끈기 있는 촬영으로 영상화하여 '이름 없는 사람들의 삶의 위대함'을 보여주었습니다. 이야기를 전달하는 데 있어 진정성의 힘이 얼마나 폭발력이 있는가를 보여준 역작입니다.

이처럼 진정성이란, 간단히 말하면 '참된 것', '진짜'라는 뜻입니다. 좀 더 확대해서 이 말을 사람에게 적용해보면 '진실된 성품'을 말합니다. 그 사람의 말과 행동, 사고와 마음이 일치된 상태를 말하는데요, 대상물에 이런 면이 있는가, 혹은 대상물에 관련된 스토리가 이런 '들여다볼 만한 참된 가치'가 있는지 찾아내는 작업을 요구합니다.

예를 들어 '우엉소리'나 '님아, 저 강을 건너지 마소'와 같은 다큐가 공전의 히트를 한 이유는, 그들의 사고와 마음과 선택과 말과 행동이 일치되어 많은 사람들이 공감하고 다시 돌아볼 만한 '소중한 삶의 가치'를 일깨워주었기 때문입니다.

작은 이야기의 힘은 스토리텔링이 가장 활발하게 이루어지고 있는 생태관광 현장에서도 쉽게 발견할 수 있습니다. 잘 만들어진 허구의 이야기를 듣는 것보다, 불완전하지만 진솔한 자기의 이야기를 하는 시대, 평생 오지에서 살아온 이들의 삶 속에 새겨진 깨알 같은 이야기들이 마을마다 골목마다 생겨나고 있습니다. 그래서 이런 일이 벌어집니다.

친구인 두 농부가 같은 배 종자를 사서 각각 자기 땅에 심고 농사를 지었다. 가을이 되자 양쪽 밭에는 탐스러운 배가 익어 수확을 기다리고 있었다. 어느 날, 상인이 나타나서 두 밭을 둘러보고 난 뒤, 한 농부의 배를 사기로 하고 계약을 했다. 지켜보던 다른 농부가 달려가 이유를 물었다. 친구가 대답했다. '나도 이유를 모르겠어. 그저, 내가 자네와 얼마나 오랜 친구인지, 우리 고향이 얼마나 좋은 곳인지, 지난 홍수 때 배를 지키려고 우리가 얼마나 노심초사했는지 말을 한 거뿐인데, 이야기 잘 들었다면서 계약을 하자고 하더군' 그 말을 들은 농부는 화가 나서 상인에게 달려가 진짜 '그 이야기 때문에 계약을 했느냐'고 물었다. 상인이 대답했다. '그렇다. 처음엔 두 밭의 배가 똑같아 보였는데 그 이야기를 듣고 나자 친구 분의 배가 더 달고 모양도 좋아 보였다'

상황에 따라 좀 다르긴 하지만 한 번쯤은 비슷한 경험을 한 적이 있을 것입니다. 그래서인지 요즘은 과일이나 곡류, 채소에도 농부들의 사는 이야기가 함께 실려서 옵니다.

그렇다면 손흥민, 세종, 서울어린이대공원이 가진 가장 감동적인 진정성은 무엇일까요. 진정성은 정체성에서 나옵니다. 만일 제대로 조사를 했다면 다음과 같은 정보들이 이미 우리 손안에 있을 것입니다.

〈예〉손흥민   1. 제도권 축구의 한계를 넘어선 축구선수.

2. 뜨거운 휴머니티-각별한 동료애와 뜨거운 애국심

3. 축구를 향한 외길 열정과 일상생활에서의 소박함

4. 역사를 써내려가는 살아있는 레전드

세종   1. 백성의 편에 서서 기득권층과 지혜롭게 싸워나가는 참된 지도자 상

2. 개인의 희생과 탁월한 실력과 식지 않는 열정으로 애민정치를 실천.

서울어린이대공원

어린이와 가족 중심의 가족문화의 소중함을 널리
알린 상징적인 장소. 특별히 현재 70대부터 오늘
날의 어린이에 이르기까지 전세대가 '어린 시절
의 즐거웠던 추억'을 공유할 수 있는 대표적인 가
족공감의 장소이며 특별히 우리나라에서 가장 많
은 야생동물들을 만날 수 있는 유일한 곳이다.

바로 이런 가치들이 손흥민에 열광하게 하고 많은 젊은이와
리더들이 세종을 닮고 싶어 하며 어린 자녀들이 있는 가정은 물
로 노년층까지 서울 어린이 대공원에 가보고 싶게 만드는 이유
입니다.

여섯 번째 상자, 독보성 Unique

"한국인 가수가 부른 노래 중에 단일 앨범으로 미국 빌보드차
트 1위에 오른 건 BTS의 '다이너마이트'가 처음이라는데?'

귀가 솔깃해집니다. BTS라는 아이돌그룹을 몰라도, '다이너
마이트'라는 곡을 몰라도 들은 사람의 십중팔구는 '그래?' 하는

반응을 보이곤 합니다. 이것이 바로 '독보성'의 힘입니다. 평범해보이는 대상이나 인물이라고 해도, 세계 최초라든가 세계 유일이라든가 국내 최초, 국내에서 가장 높은 곳이라든가, 가장 오래되었다는 이야기를 들으면 다시 보게 됩니다. 이처럼 대상물의 가치를 결정하는 데 있어 가장 강력한 힘을 발휘하는 것 중의 하나가 바로 '독보성'입이다. 독보성은 대상물이 갖고 있는 '다른 어떤 것과도 비교당하지 않는 최우선, 혹은 최고 우위의 존재 가치'를 입증해줍니다. 만일 지금 다루고 있는 대상물이 바로 이런 독보성이 있다면 스토리텔링의 작업이 한결 쉬워질 뿐 아니라 그 영향력도 커집니다.

단, 이 독보성은 반드시 객관적 공식적 자료에 의해서 입증되거나, 누가 들어도 '설득력'이 있어야만 합니다. 사실 지역마다 동네마다 우리 것이 최고라고 생각하는 것들이 있습니다. 모든 부모에게는 자기 자녀가 최고입니다. 그래서 '입증할 수 없는 홍보문구'와 '신념'들이 난무합니다.

그러므로 스토리텔링을 하는 이들은 시대적, 정치적 제약을 뛰어넘어 대상 인물 혹은 사건의 본질적인 가치를 보려는 노력이 필요합니다. 광범위한 자료와 정보를 참고하되, 각 자료별,

정보별 비교 분석을 통하여 그 대상물만이 갖고 있는 '특별함' 과 '유일함'을 입증할 수 있는 객관적인 사실을 찾아내려는 노력이 필요합니다.

예를 들어볼까요.

아마존 강 세계에서 가장 긴 강
시베리아철도 세계에서 가장 긴 철도
부르크하우젠 세계에서 가장 긴 성
침보라소 세계에서 가장 높은 산

두말할 필요도 없는 독보성이죠. 우리가 다루는 샘플에서도 이런 독보성을 찾을 수 있을까요. 물론입니다. 독보성이란 뭔가 대단한 것이어야 하는 것은 아니기 때문입니다.

손흥민	현재 해외에서 활동하는 한국 축구 선수 중 역대 최고의 성적을 올리고 있는 선수. 앞으로도 계속 기록갱신 가능성 높음.
세종	타의 추종을 불허하는 한국인 최고의 지도자상
대공원	대한민국 최초, 최대 규모의 어린이를 위한 공원

❮❮❮❮❮❮❮

지금은 이들이 가진 독보성이 그다지 돋보이지 않을 수 있습니다. 그럼에도 불구하고 이런 작은 '독특함' '유일함'은 매우 중요합니다. 비록 지금은 미미해보이나 이 작업이 끝났을 때 이들의 이 작은 '독보성'이 대상물을 이해하는 강력한 키워드가 될 수도 있기 때문입니다. 그리고 실제로 그런 사례들이 많습니다.

그러므로 아주 작은 것이지만 대상물이 가진 이런 유일함과 특별함을 보는 '눈'을 갖는 것은 스토리텔링에 있어서 매우 중요합니다.

즉 독보성은 꼭 유일성이나 세계 1위여야만 하는 것은 아닙니다. 일정 시간, 일정 공간 안에서의 제한된 광경, 풍광, 현상이나, 그 대상과 관련된 감동적인 역사적 사건도 독보성에 버금가는 힘을 갖습니다.

그 대표적인 대상물 중의 하나가 제주도의 현무암입니다. 현무암은 제주도의 상징이자 화산 지형임을 말해주는 암석이지요. 그래서 화산이 있는 곳이면 흔히 볼 수 있는 돌인데, 아래의 이야기를 읽고 나면 조금은 제주도의 현무암이 달라 보일 것입니다.

오늘날 제주의 상징이 된 검은 돌담. 이 돌담이 제주도의 상징이 되기까지 감동적인 한 목민관의 백성 사랑이 있었다. 제주도에 사람들이 살기 시작한 것은 석기시대부터. 섬사람들은 소와 말을 기르고 부지런히 바다의 싱싱한 고기를 잡으며 평화롭게 살았다. 하지만 거센 바람과 온 들을 덮고 있는 현무암으로 인해 물이 너무 잘 빠져서 농사를 지을 수가 없었다.

그러던 중 고려 말. 문신이자 학자이며 뛰어난 외교관이었던 지포 김구가 제주도 목사로 부임해왔다. 그는 제주도 백성들을 오랫동안 괴롭혀온 현무암 문제를 획기적으로 해결했다. 즉, 농사의 방해꾼인 현무암으로 담을 쌓아 땅의 경계를 삼도록 한 것이었다. 현무암을 골라내자 농사가 수월해졌다. 또한 돌담이 생겨 풍해도 줄어들었다. 무엇보다 김구는 돌담을 통해 백성들에게 땅을 나누어주었다. 그리하여 제주도는 조선에서 유일하게 백성이 땅의 주인이 되는 지방이 됐다. 즉, 현무암 문제만 해결해주었을 뿐 아니라, 힘없는 백성들이 세도가들에게 다시는 땅을 빼앗기지 않도록 해준 것이다.

육지의 관리는 임기가 끝나면 돌아간다. 그에게 제주도 백성들은 그냥 지나가는 인연이었다. 하지만 그는 대대로 섬에 사는 백성이야말로 그 땅의 주인이라는 민본주의를 실천한 진정한 목민관이자 오늘날 정치인들이 본받아야 할 귀감이다.

무심코 지나치던 제주도 돌담에 서린 한 목민관의 진정한 애민정신과, 그의 이름을 지금까지 기억하고 기록에 남긴 제주도 사람들의 '감사하는 마음'을 감동적으로 전해줍니다. 지구상에 현무암이 있는 곳은 무수히 많지만 이처럼 뜨거운 애민의 마음이 담긴 현무암이 또 있을까요. 이런 스토리가 작지만 대상물을 다른 어떤 것과도 비교할 수 없는 독보적인 것으로 만드는 스토리의 대표적인 예입니다.

일곱 번째 상자, 시의성 Timeliness

'왜 꼭 지금이어야 하는가?'

만일 친구에게 '지금 곧 편의점에 가서 네가 좋아하는 감자칩을 사라'고 말한다면 친구는 당연히 왜 지금 가야 하느냐고 물을 것 입니다. 그런데 그 친구에게 "네가 좋아하는 감자칩이 오늘까지 1+3이래." 라고 말했다면 아마도 그 친구는 당장 편의점에 달려가 감자칩을 사겠죠. 바로 이것이 시의성입니다.

만일 제가 여러분에게 '당장 다음 주에 세종대왕의 리더십에 관한 다큐멘터리를 방송해야 한다'고 말했다고 가정해 봅시다. 여러분은 아마도 '왜 꼭 지금이어야 해요?' 라고 묻겠지요. 그런 데 만일 다음 주에 대통령선거가 있다면 아마도 여러분은 그렇게 묻지 않을 것입니다. 그런데 대통령선거는 커녕 국회의선 선거도 없다면 우리는 왜 지금 세종대왕의 리더십에 대해서 방송을 해야 하는 것일까요.

거기에 대한 이유를 찾는 것이 바로 시의성을 확보하는 것입니다.

먼저 시의성이 무엇인지부터 짚고 넘어가도록 하지요. 시의성이란 '어떤 작품, 혹은 대상이나 인물에게 어떤 일정한 시기에 특별히 더욱 관심, 가치, 의미를 갖는 경향성'을 말합니다.

이 시의성에 가장 민감한 사례는 '뉴스'나 '시사프로그램'을 들 수 있습니다. 언제나 가장 '핫'한 소재를 찾는 데에 주력합니다. '핫'하다는 것이 바로 '시의성'이 가장 높다는 것을 말합니다. 지금 사람들이 가장 보고 싶어 하는 것, 궁금해 하는 것, 가장 중요하게 생각하는 것을 다루어야 '시청률'이 높아지고 '팔로워'가 늘기 때문입니다 시대적인 영향력을 높이는데 이 '시의성'만큼 중요한 것은 없습니다. 시사 프로그램의 스토리텔링, 즉 구성은 바로 이 '시의성'과의 치열한 싸움입니다.

이처럼, 스토리텔링에 있어서도 시의성이 매우 중요할 때가 있습니다. 시의성은 가치를 증폭시키는 일종의 시건장치와 같습니다. 시의성이 높은 소재는 웬만한 스토리라인만으로도 시대의 화두가 되고 역사 혹은 전설로 남습니다. 반면 시의성이 낮은 소재는 아무리 그 내용이 좋아도 얼마 가지 않아 사람들의 기억 속에서 사라집니다. 스토리텔링에 있어 가치와 시의성은 신경조직과 같이 연결되어 민감하게 반응하고 변화를 만들어냅니다.

그러므로 스토리텔링을 할 때에는 반드시 우리가 다루고 있는 소재의 본질이나 특징이, 어떤 특정한 때에, 혹은 어느 특정한 사회에서 보다 나은 가치를 갖게 되는가를 면밀하게 분석하고 평가를 해야 합니다.

예를 들어 여름철 전기안전사용 요령에 관한 텔레비전 홍보 영상 40초짜리 대본을 쓴다고 생각합시다. 전기사용 안전요령은 수십 가지의 가이드라인이 있습니다. 그 내용을 압축해서 여름에 꼭 필요한 '전기안전 요령'을 40초에 담아야 합니다.

먼저 누구에게나 꼭 필요한 기본적인 전기안전요령을 정리해야겠지요. 전기안전공사와 재난방재청과 같은 다양한 기구에서 제시한 약 100여 가지의 계절별, 지역별, 연령대별 전기안전 가이드라인 중 공통적인 내용은 다음과 같습니다.

오래된 전기배선, 플러그와 누전차단기는 바꿔준다
난방기구인 온돌매트는 접지 말고 감아 보관한다
제습기, 실외기, 냉장고 주변은 항상 공간을 비워둔다.
선풍기나 실외기에 낀 먼지는 수시로 깨끗하게 닦아준다
낙뢰를 만났을 때에는 차가 있을 땐 차 안으로 들어가 몸을
피한다.
전기과열로 화재의 원인이 되는 난방기구의 온도는 낮춰 사
용한다
냉장고는 단독콘센트!
전기사고 안전거리 10센티!
이유도 원인도 모를 땐 전기기사에게 맡긴다.

이제 이 중에 여름철에 꼭 필요한 내용만을 추려봅시다.

오래된 전기배선, 플러그와 누전차단기는 바꿔준다
제습기, 실외기, 냉장고 주변은 항상 공간을 비워둔다.
선풍기나 실외기에 낀 먼지는 수시로 깨끗하게 닦아준다
낙뢰를 만났을 때에는 차가 있을 땐 차 안으로 들어가 몸을
피한다.
냉장고는 단독콘센트!
전기사고 안전거리 10센티!
이유도 원인도 모를 땐 전기기사에게 맡긴다.

또 한 가지 여기서 꼭 짚고 넘어가야 할 것이 있습니다. 시의
성을 제고하는 과정에서 가장 손쉽게 활용하는 것이 바로 유행
어인데요. 시대적 화두를 담고 있는 유행어를 활용하면, 소재의
시의성을 높여줄 뿐 아니라 전달도 쉽지요.

그러나 유행어의 수명은 지극히 짧고, 그 기간을 예측할 수도
없기 때문에 스토리텔링의 수명도 그만큼 짧아진다는 점을 늘
염두에 두어야 합니다. 비교적 그 사용기간이 짧은 광고는 적극
적으로 유행어와 트랜드를 적극적으로 활용해야 하지만 만일
사람들에게 오래 기억되고 지속적인 영향을 미치는 스토리텔링
을 원한다면 유행어 사용은 금물입니다. 공들여 만든 이야기들

이 유행어와 함께 떴다가 유행어와 함께 사라지기 때문입니다.

시의성과 버킷리스트

시의성이라는 것은 어떻게 보면 비교적 짧은 기간 내에 힘을 발휘하는 것입니다. 그런데 이 시의성과 함께 생각해보면 좋은 '시간'에 관련된 개념이 하나 있는데 그것이 바로 초월성 timelessness입니다. 어떤 시기에 특별한 가치를 갖는 대상이 아니라 시대를 초월하여 오랜 기간 강력한 힘을 발휘하는 가치를 말합니다.

그런데 강력한 시의성timeliness을 가진 가치는 시대를 초월한 timelessness 가치로 발전하기도 합니다. 그렇게 탄생하게 된 대표적인 것이 버킷리스트입니다.

만일 친구에게 〈삼국유사〉를 읽으라고 했다면 대개는 '왜 하필 지금 삼국유사야?' 하고 반문할 것입니다. 그런데 만일 〈삼국지〉를 읽으라고 했다면 어떤 반응이 돌아올까요? '아, 지난 번 연휴 때 독파하려고 했는데…다음 연휴 때 꼭 읽으려고…' 이런 비슷한 반응이 나옵니다. 이유가 무엇일까요? 〈삼국지〉는 이미 시대를 초월하여 수많은 사람들에게 생애 한번쯤은 읽어야 할 가치가 있는 '버킷리스트'가 되었기 때문입니다. 만일 당신이 〈삼국유사〉를 이런 버킷리스트로 만들기 원한다면 어떤 가치를 발견해내야 할까요?

최근 걷기 열풍이 퍼지면서 산티아고나 제주 올레길 트래킹에 많은 사람들이 몰리고 있습니다. 분명 어디서든 걸을 수 있지만 이 길에 몰리는 것은 이 길을 걷는 것이 일종의 '버킷리스트'처럼 특별하게 다가오기 때문입니다.

예수의 제자 야곱의 성지로 알려진 산티아고 길 순례가 현대인의 버킷리스트가 되는 데에 결정적인 계기를 제공한 것은 1987년에 출간된 파울로 코엘료의 〈순례자〉라는 한 권의 책이었습니다. 파울로의 자전적 소설인 이 책은, '부엔 까미노(좋은 순례 되세요)'라는 인삿말을 유행시키면서 일상에 지친 사람들에게 경건하면서도 소박한 일탈, 성지순례에의 간절한 갈망을 불러일으켰습니다. 시의적으로 그만한 탈출구가 없었지요.

계층별, 인종별, 성별 이기주의와 IT와 전자통신의 발달로 인간과 인간의 소통, 인간과 자연의 소통이 갈수록 희박해져가고 있던 그 즈음, 두 발로 걸으며 처음 보는 낯선 사람들끼리 최소한의 물건들을 서로 공유하며 걷는 800킬로의 순례길은 현대문명이라는 배 안에서만 살아온 사람들에게 자유와 공존, 그리고 인간의 소중함을 일깨워주는 '진정한 삶의 순례길'로 다가왔습니다. 그렇게 한때의 폭발적인 유행으로 떠올랐던 산티아고 순례의 열기는 식을 줄을 몰랐고 결국 많은 사람들의 버킷리스트로 자리 잡았습니다. 이 바람이 〈삼국지〉처럼 세대를 넘고 세기를 넘어 계속될 지는 두고 봐야겠지요.

〈연습〉　　1. 서울어린이대공원 역시 버킷리스트가 될 수 있을 만한 조건은 갖추고 있습니다. 하지만 아직은 산티아고 정도는 아닙니다. 뭔가 계기가 필요합니다. 산티아고 순례를 만인들의 버킷리스트로 만드는 데에는 파울로 코엘료의 이야기가 결정적이었습니다. 서울어린이대공원의 '파울로 코엘료'는 어떤 이야기를 쓰면 좋을지 고민해봅시다.

　　2. 생애 한 번쯤 손흥민의 경기를 현장에서 관전

하는 것이 한국인의 버킷리스트가 될 수는 없을까요. 이에 대해 고민해보고 나름의 대안을 이야기해볼까요.

여덟 번째 상자, 수요성 Demand

종로구청 앞에 오래된 지도제작소가 있었습니다. 그런데 몇 년 전 문을 닫았습니다. 네비게이션이 등장하면서 더 이상 운전을 하면서 지도를 보는 사람들은 없기 때문이지요. 네비게이터는 길 안내 뿐만 아니라 과속단속 안내, 심지어 과속방지턱에 대한 안내까지 곁들여 줍니다. 그 때문에 지도를 쓰던 시절에는 지도 없이 운전을 하는 사람들이 있었지만 이제는 네비게이터 없이 운전을 하는 사람은 거의 없습니다. 수요가 서비스와 상품을 진화시켜가고 있는 대표적인 예입니다.

'수요성'이란 다른 말로 하면 '필요성'입니다. 원하는 것입니다. 얼마나 많은 이들이 얼마나 간절히 원하느냐가 대상물의 가치를 결정하는 데 결정적인 영향을 미칩니다. 톱스타들의 몸값이 왔다 갔다 하는 것, 주가가 오르락내리락 하는 것도 다 이 수요와 관련이 있습니다. 그렇다면 스토리텔링에 있어서는 어떻게 이 대중들의 '관심사'를 충족시키면서 가치를 높여갈 수 있을까요.

아르젠티나로 트래킹을 갔던 젊은 미국인 ceo 블레이크 마이코스키Blake Thomas Mycoskie는 지나치던 마을에서 어린 형제가 낡아빠진 신발 한 켤레를 나눠신는 모습에 충격을 받았습니다. 그 마을 아이들은 대부분 신발도 없이 살고 있었습니다. 미국으로 돌아온 마이코스키는 아이들에게 보낼 신발을 만드는 회사를 차리기 위해 자신이 운영하던 인터넷 운전회사를 팔았습니다. 그리고 아르헨티나의 전통적인 '신고 벗기 편한 신발'인 '알파르가타'를 모던하게 디자인해서 신발을 만들었습니다. 이름도 '내일을 위한 신발'이라는 뜻으로 탐스Toms, Shoes for Tomorrow라고 결정한 뒤 다음과 같은 캐치프레이즈(스토리텔링)를 내걸었습니다.

북미에서 이 신발 한 켤레가 팔릴 때마다
신발이 필요한 아이들에게 한 켤레를 기부합니다.

이 이야기는 '나눔을 실천을 하고 싶으나(수요) 돈도 없고 시간도 없는' 젊은이들에게 큰 호응을 얻었습니다. 내게 필요한(수요) 신발을 삼으로서 내가 원하는(수요) 나눔도 실천할 수 있기 때문이지요. 원래 판매 목표량은 200켤레. 그런데 젊은이들의 SNS

로 시작된 소문이 언론사에 알려지면서, 폭발적인 주문이 계속 됐습니다. 결국 유명 연예인까지 탐스 신발을 찾기 시작하면서 5년 만에 100만 켤레가 팔렸습니다.

이처럼 스토리텔링이 사람들의 간절한 필요와 만날 때 더욱 큰 공감을 얻게 되고 대상물의 가치가 높아집니다. 그리고 이를 바탕으로 한 상품과 서비스 역시 대중들에게 큰 영향력을 발휘하게 됩니다.

〈연습〉   같은 원리로 손흥민, 세종 그리고 서울어린이대공원에 대해서 생각해볼까요. 사실 손흥민과 세종의 존재가치는 굳이 설명할 필요도 없을 만큼 절대적입니다. 수요성이 거의 극대화 되어 있는 대상이지요. 그렇다면 서울어린이대공원에 대해서는 어떻습니까. 어떤 종류의 가치 있는 이유와 현실적인 필요를 제공해서 사람들을 서울어린이대공원으로 오게 할 수 있을 지 고민해봅시다.

12 섹터 이해하기3 전달력 Telling Potential

이렇게 대상물의 정체성을 찾아내고 핵심 가치를 찾아냈다면, 남은 일은 이들을 싣고 대중들에게 달려갈 빠르고 성능 좋은 운송수단, 바로 최상의 전달방법을 찾을 차례입니다. 이를 위해서는 캐릭터character power 관점전환changing frame 연결성hook & llink , 지속가능성sustainability 의 4가지를 생각해야 합니다.

아홉 번째 상자, 캐릭터파워 Character power

스토리텔링을 전달하는 단계에서 종종 활용하는 것이 '캐릭터'입니다. 원래 '개성, 성격'이란 뜻을 갖고 있는 캐릭터란, 특정 상표 혹은 상품, 서비스를 설명하고 긍정적인 생각을 갖도록 하기 위해 만든 가공의 인물이나 동물 등 시각적 상징물을 말합니다. 처음에는 단순한 그림이나 장난감으로 출발해 마스코트로 발전하다가 애니메이션과 만나면서 캐릭터는 그 영향력이 폭발적으로 확대되었지요. 인기 캐릭터는 더 이상 상품이나 서비스, 이야기를 전달하는 도구가 아닌 강력한 콘텐츠 그 자체로 비약적인 발전을 했습니다.

'잘 만들어진 캐릭터'의 영향력은 어느 정도나 될까요? 단적인 예로 디즈니랜드의 미키마우스, 도널드 덕의 경우는 조 단위를 훨씬 넘어서 그 수익 일일이 계산할 수도 없을 정도이고, 요즘 아이들이 좋아하는 포켓몬스터는 이미 우리나라 한해 예산과 맞먹는 수익을 올렸고 앞으로는 더 빠른 속도로 수익이 불어날 전망입니다. 그 외에 스누피, 푸우, 아톰, 닌자, 수퍼맨, 아이언맨, 스파이더맨과 같은 만화 캐릭터는 영화시장과 게임시장으로 진출하면서 수천억대의 수익을 올렸습니다.

광고 시장 역시 캐릭터의 파워가 절대적인 힘을 발휘하는 분야이지요. 우리와 친숙한 상품 광고의 대부분은 그 광고를 우리에게 친숙하게 만들어준 '스타'들이 포진하고 있습니다. 광고가 스타들의 인기에 얼마나 민감하게 반응하는지, 대형 백화점의 전면에 붙어 있던 스타의 얼굴이 하루아침에 바뀝니다. 그 뿐인가요. 좀 인기가 오른다 싶으면 명동이나 강남처럼 사람들이 많이 몰리는 곳에는 여지없이 그 얼굴 일색입니다. 화장품매장에도, 스포츠웨어 광고에도, 심지어 에어컨 광고나 공기청정기 광고에도 같은 얼굴이 나오지요. 이래도 되나 싶지만 그(혹은 그녀)의 매력적인 말 한마디면, 무엇이든 사고 싶어지니 별수 없습니다.

그래서 새 상품 출시와 함께 시작되는 전쟁이 바로 그 상품에 잘 맞는 유명스타를 광고 모델로 끌어오는 일입니다. 영향력 있는 전달자는 그만큼 강력한 전달의 힘이 있기 때문이지요.

그러므로 스토리텔링을 하는 사람이라면 누구나 '매력적이고 강력한 캐릭터'의 힘을 잘 이해하고 이를 적극적으로 활용할 수 있어야 합니다.

몇 년 전 tvn에서 〈손세이셔널〉이라는 손흥민에 관한 다큐멘터리가 방영되었습니다. 이 다큐멘터리의 제작진이 손흥민이라는 주인공을 전달하기 위해 선택한 최고의 캐릭터는 다름 아닌 박지성이었습니다. 사실 주인공이 손흥민이 아닌 평범한 축구선수였다고 해도 박지성이 긍정적인 코멘트를 해주었다면 그 사실로 인해 그 선수가 세상의 주목을 받았을 것입니다. 그만큼 박지성의 영향력은 막강하지요. 그런데 그런 박지성이 후배인 손흥민에 대해서 칭찬을 아끼지 않았습니다. 그걸로 이미 그 다큐멘터리는 성공한 셈입니다. 박지성 때문입니다.

그런데 유명하다고 해서 모두 좋은 캐릭터라고 할 수는 없습니다. 캐릭터로 사용하고자 하는 '인물, 혹은 대상'이 유명하면 할수록 선택에 신중을 기해야 합니다. 만일 박지성선수가 손흥민이 아닌, 김연아 선수나 박태환 선수에 대해서 이야기했다면 '흥미롭기는' 했겠지만 '신뢰도나 영향력'은 상당히 떨어졌을 것입니다.

특별히 세종과 같은 과거의 인물을 다룰 때 캐릭터 선정에 신중을 기해야 합니다. 우리는 종종 드라마나 영화를 통해서 세종을 만납니다. 물론 세종의 역할을 맡은 모든 연기자들은 당대 최고의 연기자들일 뿐만 아니라 '관객호감도'가 높은 인물입니다. 그러나 한석규씨의 세종(드라마 '뿌리깊은 나무')과 송강호씨의 세종(영화 '나랏말싸미')은 완전히 다른 인물로 다가옵니다. 같은 대본으로 연기를 했다고 하더라도 결코 같을 수가 없습니다. 최민식씨가 연기했던 이순신(영화 '명량')과 김명민씨가 연기했던 이순신(미니시리즈 '불멸의 이순신')도 마찬가지입니다.

만일 손흥민을 주인공으로 영화를 만든다면, 당신은 어떤 연기자를 손흥민 역으로 발탁하고 싶은가요? 사람이 아닌 다른 캐릭터로서 적당하다고 생각되는 것은 무엇입니까? 그리고 그 이유는 무엇입니까? 또한 서울어린이대공원의 홍보모델은 누가 가장 좋을까요? 그리고 그 이유는 무엇입니까.

열 번째 상자, 관점전환 Changing frame

강력한 스토리텔링은 어떤 대상을 바라보는 사람들의 고정된 관점을 변화시켜 새로운 트랜드를 만들고 장르를 탄생시키며 새로운 시대로 나아가게 합니다. 이런 변화의 시작은 '관점의 전환'에서 비롯됩니다.

원래 관점전환은 창작과 디자인, 심리상담 등 폭넓은 분야에서 사용되는 도구로, 사물이나 상황을 바라보는 시각을 바꾸어서 새로운 눈으로 바라보게 하는 것을 말합니다. 그런데 이 '관점전환'은 스토리텔링의 전달력을 높이는 데에도 아주 중요한 요인으로 스토리텔링의 출발점인 '정체성 찾기' 만큼이나 중요한 개념입니다.

흔히 스토리텔링이 어떤 대상에 대해 모든 것을 잘 전달하는 작업이라고 생각하는 사람들이 꽤 있습니다. 그래서 한 대상에 관한 모든 이야기를 다 담아내려 합니다. 하지만 그것은 스토리텔링이라기보다는 정보전달에 가깝습니다.

치열하게 시간을 다투며 살아가는 현대인에게 자신과 상관없는 누군가의 이야기를 차분히 들어줄 여유는 없습니다. 현대인의 귀는 자신에게 필요한 이야기, 즉 자신의 관심사, 자신에게 의미 있고 자신의 기호를 충족하는 이야기에 귀를 기울입니다.

스토리텔링 역시, 사람들이 듣고 싶어 하는 사실과 내러티브를 활용해서 우리가 다루는 대상에게 흥미를 갖게 해야 합니다. 목적지로 데려다 주는 작업이나, 맛있는 음식이 있는 레스토랑까지 데려다주는 역할이 아닌, 그 길로 가고 싶도록, 그 장소에 가고 싶도록 만들어주는 것입니다. 그렇게 사람들로 하여금 어떤 변화, 새로운 흐름으로의 의식의 확장, 또는 변화가 일어나도록 문을 열어주는 것이 스토리텔링의 역할입니다.

〈TV조선왕조실록〉이란 역사프로그램도 조선사에 대한 이미지와 관점을 확대시킨 효자 프로그램입니다. 이 프로그램은 약 1년여에 걸쳐서 50편이 방송됐습니다. 조선 600년사 중에서 단 50가지의 사건, 혹은 인물에 관한 이야기를 방송한 것이지요. 그럼에도 불구하고 이 프로그램은 사람들에게 '조선이라는 나라가 이전에 내가 알고 있던 나라와는 다른 상당히 매력적이고 자랑스러운 왕조였다'라는 인식을 심어주었고 조선에 관한 폭발적인 관심을 해소시켜주려는 수많은 책과 드라마 영화들이 쏟아져 나와 한류의 콘텐츠를 탄탄하게 뒷받침하는 역할까지 해냈습니다. 이런 변화를 이끌어내는데 '관점의 전환'을 이끌어낸 50가지의 스토리텔링이면 충분했습니다.

그 이야기에 매료된 이들이 '단지 하나의 이미지에 불과했던 그 이야기'에 자신의 경험과 호기심을 담아 '자신의 이야기, 자신의 의미'로 완성해갑니다.

그런 면에서 스토리텔링은 그저 시작이어야 합니다. 이야기의 끝은 변화된 관점을 갖게 된 소비자와 고객이 완성해갑니다.

그렇게 하나의 실마리에 불과했던 전문가의 스토리텔링은 점차 기승전결의 구조를 가진 이야기로 발전해갑니다. 그렇게 시대의 화두가 되고 역사가 되고 전설이 되어 세대에서 세대로 전해집니다. 그것이 매력적인 스토리텔링의 위력적인 관점전환의 위력입니다.

아주 오래 전 '역사는 미래다'라는 역사 강좌를 한 적이 있습니다. 약 20가지의 주제를 정해서 우리나라 역사에 관한 사람들의 관점 전환을 돕기 위해 시작한 강연이었는데요. 그 중에 사람들이 가장 의아한 반응을 보였던 주제가 바로 〈세종대왕에게 유감 있다〉였습니다. 흠잡을 데 없는 한국역사상 최고의 군주인 세종에게 21세기를 살고 있는 한 작가가 유감이 있다니 대체 무슨 사연인가 싶어 사람들이 모여 들었습니다. 그저 잘 안다고 여기는 인물을 '새로운 시각으로 볼 수 있도록' 관점을 전환시켜 주었을 뿐인데 예상 밖의 호응을 받았던 기억이 납니다. 참고로 이날 강연 내용을 요약하면 다음과 같습니다.

세종 즉위 초까지 왜구의 잦은 약탈로 인해서 조선은 물론 명나라까지 애를 먹고 있었다. 그런데 당시 상왕으로 물러앉은 태종이 돌아가는 상황을 보니 명나라가 왜구를 소탕하기 위해 남쪽으로 군사를 보낼 분위기였다. 그렇게 되면 조선은 꼼짝없이 군사를 내주어야 하는 상황이었다. 이에 태종은 한 발 앞서 왜구의 거점인 대마도를 정벌하여 한반도 삼남지방의 치안을 해결하는 동시에 명나라의 군사징벌의 구실까지 아예 제거해버렸다. 이 일은 후에 세종이 북쪽의 여진족을 정벌하는 조선의 '국토회복'에 명나라의 암묵적인 동의를 얻어내는 일석삼조의 결과를 거둔다.

하지만 세종도 잘 알고 있었을 것이다. 대마도는 그렇게 방치해서는 안 되는 땅이다. 원래 대마도는 삼국시대부터 많은 기록에 등장하는 한반도 영해의 섬으로 일본은 물론 제주도보다도 한반도에 가까운 섬이다. '독도는 우리 땅' 이듯이 '대마도는 우리 땅'이라고 외쳐도 하등 문제가 없는, 한반도인의 영토다. 그런데 이 영토에 대해 완벽한 항복을 받은 세종 대에, 무단침입자인 왜인을 본토로 쫓아냈어야 했다. 그리고 조선의 주민을 이주시키고 관리를 파견하여 제주도처럼 적극적으로 통치를 하거나 아니면 대일본 방어진지로 좀더 적극적인 전략을 폈더라면 어땠을까. 역사에 가정은 없지만 만일 그랬다면, 후에 일본의 조선 정벌 양상은 크게 달라져서, 어쩌면 임진왜란과 같은 비극을 겪지 않았을 지도 모른다. 왜냐하면 일본의 대조선 핵심정보통이 바로 대마도였기 때문이다. 어디 그뿐인가. 구한말과 한국전쟁, 정부 수립 당시 열강들이 한반도와 일본의 땅을 재편성할 때 한국이 대마도를 지켜낼 수 있는 결정적인 역사적 근거를 제공할 수 있었을 것이다.

세종은 백성을 위해 양반 사대부의 기득권 중심 체제를 혁신적으로 개혁했을 뿐 아니라 학문, 과학, 농업, 음악 분야에 놀라운 발전을 이끌어낸 군주였다. 또한 국방에 필요한 군사,

무기 정비에 누구보다도 과학적이고 체계적으로 접근하여 놀라운 개혁을 이룬 국방전문가이기도 했다. 그런 세종이기에 대마도를 조선에 완전히 편입시킬 수 있는 충분한 능력과 엄청난 씽크탱크까지 있었다. 만일 그랬더라면, 그가 평생에 걸쳐 건설한 동북아의 강자 조선의 역사는 달라졌을 지도 모른다. 그렇기에 대마도를 가장 강력한 명분과 이유로 국토화할 수 있었던 때에, 대마도의 정치, 군사적 가치를 알면서도 대마도에 대한 정치적 군사적 영향력을 포기한 세종에게 유감 있다….

어떤가요. 조금 새로운 눈으로 세종과 대마도를 보게 되셨습니까.

손흥민에 대한 사람들의 인식 가운데 관점전환이 필요한 부분이 있다고 생각되시나요? 이를테면 '프로스포츠선수 손흥민'이 아닌 '인간 손흥민'에 대한 이야기가 더 매력적이라고 생각할 수도 있고, '사회적 명사 손흥민'이 아닌 '아들 손흥민'의 이야기가 더 감동적이라고 생각한다면 그 관점에서 스토리텔링을 시도해볼 수 있습니다.

같은 방식으로 서울어린이대공원에 대해서는 어떤 관점 전환이 필요할 지 고민해봅시다. 어린이대공원에는 '어린이만 간다'는 인식을 넘어 '노년층의 버킷리스트, 서울어린이대공원'으로서 바라보게 하는 관점 전환이 가능할까요? 어린이 대공원에서의 추억이 있는 부모와 자녀가 함께 찾아오는 '리유니온'의 명소로 부각시킬 수 있을까요?

이처럼 스토리텔링의 관점전환은 단순히 시야를 넓혀주는 차원을 넘어 동일한 대상을 완전히 새로운 대상으로 인식하게 하는 강력한 창조의 힘이 있음을 기억하고 적극 활용해야 합니다.

열한 번째 상자, 연결성 Hook & link

스토리텔링이나 브랜딩 분야에서 가장 흔히 하는 실수이자 가장 약한 부분이 바로 이 연결입니다. 이야기는 기본적으로 많은 팩트를 논리와 감성으로 연결하는 기능이 있기 때문에 그 연결성과 혼돈해서는 안 됩니다. 여기서 강조하는 연결성이란 단순한 '잇기'의 수준을 넘어 '낚아채서 이어주는'(hook and link) 강력한 연결성을 말합니다.

경주에 있는 '워터파크'에 새롭게 건설되는 주차 빌딩의 브랜딩과 스토리텔링 작업을 할 때의 일입니다. 처음에 제안을 받았을 때 잘 해낼 자신이 없었습니다. 건물은 박물관도 호텔도 아닌 주차 빌딩이었고, 한국의 전형적인 불교도시 이면서 유교도시인 경주에 서구적 개념의 주차 빌딩이 들어선다는 사실 때문이었습니다. 스토리텔링으로 이 간극을 메꿀 수 있을까 고민이 컸습니다.

그런데 막상 작업에 착수한 후, 예상치도 못했던 행운을 만났습니다. 그 건물이 들어서는 지역의 역사적인 배경과 전통 속에, 그 건물을 짓는 이들의 생각을 긍정적으로 확장시킬 수 있는, 일련의 코드들을 발견한 것입니다.

주차 빌딩이 들어서는 곳은 천군동. 이곳은 신라 시대 수도 서라벌을 지키는 신라 최고의 화랑들이 운집한 수도 방위부대인 '천군'의 주둔지였습니다. 이곳이 무너지면 서라벌도, 신라가 꿈꾸는 미래도 사라집니다. 그래서 이곳에 선 화랑들은 누구보다도 치열하게 오늘을 살며 백성의 안위와 나라의 미래를 위해 목숨을 걸고 살아갔습니다. 그들은 평화기에는 신라인들이 바라보고 의지하는 빛이었고, 전시에는 목숨을 걸고 신라를 지키는 내일의 수호자이자 곧 미래였습니다. 그들의 삶은 '천군동'이라는 이름 속에 남아 오늘까지 전통과 평화와 안전, 그리고 동시에 미래의 상징으로 전해져오고 있었던 것입니다.

주차빌딩의 위치 외에도 이 프로젝트의 주체인 두 기업, 즉 블루원과 팀하스사 역시 업계에서 미래지향적인 사업철학을 가지고 있었습니다. 블루원은 여러차례 청렴기업 인증을 받았을 뿐 아니라 '지역 주민과 함께 하는 기업'으로서의 길을 지향하고 있었고, 팀하스사는 '어려운 이웃을 돕기 위해 존재한다'는 특별한 사훈 아래 감동적인 컨셉의 주차빌딩 설계로 도시의 랜드마크가 되었을 뿐 아니라 미국 동부에서 청년들이 일하고 싶어하는 100대 기업으로 꼽히는 기업입니다. 그리고 이 두 기업이 만남으로 블루원 워터파크에 들어설 주차 빌딩은 단순히 차를 위한 공간을 넘어 지역 주민과 함께 하고, 청년기업가들의 꿈을 지원하는 공간으로 설계되었습니다.

처음에는 전혀 어울리지 않는 것처럼 보였던 공간, 사람, 역사는 미래 그리고 시대의 빛이라는 공통적인 키워드를 갖고 있었습니다.

이 공통된 정체성을 바탕으로 건물의 이름은 '룩스 타워'로 결정했습니다. 절대적 존재로부터 연약한 인간에게 값없이 주어지

A Moment Of Life

Water Park & Lux Tower
Story, Contents & Name

2019. 1.

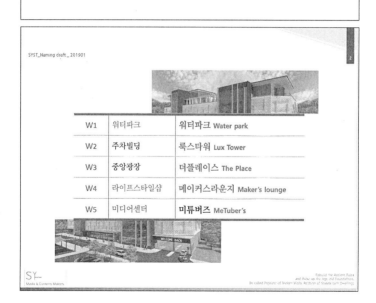

W1	워터파크	워터파크 Water park
W2	주차빌딩	룩스타워 Lux Tower
W3	중앙광장	더플레이스 The Place
W4	라이프스타일샵	메이커스라운지 Maker's lounge
W5	미디어센터	미튜버즈 MeTuber's

SY
Media & Contents Makers

Rebuild the Ancient Ruins
and Raise up the Age old Foundations.
Be called Repairer of Broken Walls, Restorer of Streets with Dwellings.

W11	외곽통로	북가든 Book&Garden
W12	미니바	루프탑, 매직아워 Rooftop, Magic Hour 테이븐, 매직아워 Tavern, Magic Hour
W13	직원사무실	아침 since 2011 Achim since 2011
W14	석양의 파사드	룩스콘티누아 Lux Continua
W15	파크가는 길	고래를 찾아라 300 Whale Mission 300
W16	조각공원	메모리파크 Memoria Continua

SY_
Media & Contents Makers

Rebuild the Ancient Ruins
and Raise up the Age-old Foundations
Be called Repairer of Broken Walls, Restorer of Streets with Dwellings

W6	어린이집	펀큐브 Fun Cube
W7	길거리 벤치	벤치타임, 미래의 시작 Benchtime, Beginning of the future
W8	타워스토리존	룩스코너 Lux Corner
W9	웨딩홀	더프라미스 The Promise 프라미스 앤 클라우드 Promise and Cloud
W10	가든웨딩존	더모먼트 The Moment

SY_
Media & Contents Makers

Rebuild the Ancient Ruins
and Raise up the Age-old Foundations
Be called Repairer of Broken Walls, Restorer of Streets with Dwellings

는 축복과 치유의 빛을 의미하는 '룩스 콘티누아'에서 따온 말로, 뾰족한 첨탑과 낮고 긴 벽돌건물 그리고 찬란한 스테인 글라스를 탄생시킨 중세 교회 건축의 핵심 철학이기도 했습니다.

건물 안에 조성될 주차공간 이외에 다양한 목적의 주민공유시설은 그 목적에 따라 브랜딩과 스토리텔링을 하되 '천군'이라는 키워드를 중심으로 공간과 역사, 사람과 철학을 촘촘히 연결해 마치 처음부터 하나였던 것처럼 조화시키는 데 집중했습니다. 그렇게 완성된 스토리텔링의 일부를 소개합니다.

위는 전체 공간에 담긴 네이밍(브랜딩. 명칭정하기)의 사례입니다. 관련 스토리텔링 사례도 몇개 살펴볼까요

〈중앙광장〉

명칭 더플레이스 The Place

공간 웰컴타워와 워터파크 매표소 사이의 공간.

story

저녁 무렵, 가벼운 대화가 필요할 때,

인파 속에서 누군가를 만나야 할 때,

가끔 숨차게 달려온 하루가 버거울 때

잠시 앉아 쉬고 싶은 곳.

르네상스의 심장, 이탈리아 피렌체 시뇨리아 광장처럼

미켈란젤로의 꿈꾸는 눈동자와

살아 움직이는 듯한 다비드상은 없어도

그윽한 차향과 구수한 빵과 입맛을 돋우는

이국적인 요리 냄새 사이로,

연인들의 속삭임과 아이들의 웃음소리

그리고 소리 없이 다가오는 석양만으로도,

충분히 아름답고 따스하고 예술적인 곳.

광장은 잠시 쉬었다 가고 싶은

가족, 연인, 나그네를 위한 공간이자

어제와 오늘이 만나 내일이 시작되는 순간이다.

〈라이프스타일샵〉

명칭 메이커스 라운지 Maker's Lounge

공간 지역의 재능 있는 젊은 아티스트들의 창작활동을 지원
하고 지역 대표 문화상품을 알리기 위해 제공하는 공간.

배경 워터파크와 룩스타원(주차복합시설)이 들어선 천군동은
화랑 정예부대인 &천군'이 주둔했던 요새였다. 천군은
모험심과 치열함, 그리고 열정과 실력을 갖춘 시대의

아이콘이자 탁월한 문화 전사의 상징. 천군의 얼을 이어받아, 지역출신 입주 작가들에게 자긍심을 심어주고, 찾아오는 고객에게는 지역의 역사, 문화 예술에 대한 관심과 이해를 높이며 유쾌하고 만족도 높은 소비의 기회를 제공한다.

story 천군동, 화랑의 전설

오래 전, 이곳은 나라를 지키는 내륙방어선이자 탁월한 전투력을 가진 용사들을 키우던 곳이었다. 위대한 병사들, 즉 '천군千軍 The Great Army'이 주둔했던 곳이라 하여 천군동이라 불리. 시작했다. 전시에는 목숨을 바쳐 나라를 지키고, 평상시에는 학문에 힘쓰고 인품을 닦아 가족과 국가에 의무를 다하는 한편, 자신의 꿈과 재능을 발휘하여 벽화로, 춤과 향가로 또한 여행으로 승화시키며 자신의 삶을 풍요롭게 창조해간 문화예술의 아이콘이었다.

그들이 있어 이곳은 서라벌 안의 작은 서라벌이 되었고, 정치와 국방은 물론 예술의 중심이자 향가의 고향이 되었다. 당대 최고의 화랑들이 생애 가장 빛난 시절을 바친 '영혼의 고향'이자 열정과 재능의 용광로였던 천군동 이제 천년의 세월을 뛰어넘어, 꿈과 열정이 있는 젊은이들의 메카로 다시 태어난다.

〈1층 길거리벤치〉

명칭   벤치타임, 미래의 시작

공간   건물 정면 통유리 밖에 있는 약 50미터 길이의 공간

배경   벤치를 놓아, 햇볕, 바람을 피할 쉼터 조성. 잠시 그늘
에 앉아 유리창 안에 있는 젊은 예술가들의 퍼포먼스
와 그들의 작품을 감상하고 장의 활기찬 분위기를 관
망하는 여유를 제공한다. 또한, 짧은 시간이지만 각자
의 인생에 찾아오는 벤치타임의 의미를 생각하도록
배려한다.

story 거스 히딩크$^{Guus Hiddink}$의 어록

축구경기를 할 때, 벤치에 앉아 있는 선수 중 대부분은 경기
장에서 뛰고 있는 선수들을 부러워한다. 그러나 진정한 프로
선수는 벤치에 앉아 있는 매 순간, 지금 경기에 투입되었을
때, 자신이 잡은 공을 누구에게 어떻게 보내야 할 지 치열하
게 고민한다. 벤치에서도 경기장에 있는 선수들과 함께 뛰고
있는 것이다. 많은 선수들의 성적과 미래가 벤치타임에 있을
때 결정된다.

<<<<<<<

〈룩스타워스토리존〉

명칭 룩스코너

공간 전면 통유리 활용 혹은 1층 출입구 근처 벽면

배경 룩스타워는 우리나라 최초의 팀하스 주차복합시설이
　　　　자 블루원이 지향하는 기업과 주민, 그리고 방문객이
　　　　함께 하는 공간공유의 사례임을 알린다.

story

칼레오 투 메리조, 아름다운 기업의 길, 천군의 길

칼레오는 개인이 가진 뛰어난 능력을 말하는 반면, 메리조는
다른 사람에게 영향력이 큰 능력을 말한다. 여기 탁월한 두
칼레오, 블루원과 팀하스가 만났다. 자연과 사람, 기업과 주
민이 함께 하는 행복한 세상을 만들어나가고 싶은 기업 블루
원, 그리고 '당신의 삶이 우리의 비즈니스'라는 기업정신으
로 미국 청년들이 가장 일하고 싶은 꿈의 기업이 된 팀하스
가 만나, 지역 주민의 행복과 소박한 꿈을 함께 이루어가는
'메리조'의 신화를 만들어가고 있다. 천년 전, 이 땅에 사는
사람들의 평안과 행복을 위해 자신의 삶을 내어준 천군처럼
블루원과 팀하스는 오늘, 꿈과 미래를 향해 달려가는 당신을
위해 존재하는 천군의 길을 간다.

〈직원 사무실〉

명칭 아침 Achim

공간 건물 7층 동쪽 코너에 위치한 직원 사무실

배경 창조적인 아이디어와 자기주도적인 실행을 이끌어 내
어 업무 능률을 높이고 직원들의 근무환경을 획기적
으로 개선시켜 직업 만족도와 행복지수를 높이고자
조성한 사무실. 직급별 구분이 없는 책상 배치, 자유로
운 의사소통을 위한 용도별 회의 공간과 업무의 성격
별, 개인취향별로 선택이 가능한 다양한 디자인의 책
상과 의자, 또한 피로도를 낮추기 위한 정글짐과 간이
휴식 공간이 마련되어 있음

story

건물의 가장 높은 곳에서 동쪽 하늘, 산 능선 위로 붉게 떠오
르는 아침 해를 맞는다. 오래전 이곳의 아침은 한 나라의 하
루 였고, 이곳의 하루는 나라의 미래였다. 그리고 21세기의
이곳에서 일하는 이들의 아침은 블루원과 워터파크 그리고
지역주민들의 하루이자 내일이며 미래, 신선함이자 도전이
다. 그래서 이 공간의 시계는 늘 새로운 '아침'이다.

<<<<<<

〈석양의 파사드〉

명칭 룩스 콘티누아

공간 룩스타워 정면, 익스팬디드 메탈과 글라스를 소재로
한 빛 반사디자인이 구현된 공간

배경 룩스타워 정면 벽 전체는 빛을 반사하는 특별한 디자
인으로 하루 종일 색깔이 변한다. 특별히 석양 무렵에
는 오색찬란한 빛이 반사되면서 건물을 타고 파도처
럼 환상적인 파사드를 연출한다.

story

건축에 있어 가장 중요한 것은 빛이다. 특히 중세유럽에서
는, 빛을 오래도록 건물 안으로 끌어들이기 위해 궁전과 성
당, 일반 가정집까지 뾰족한 첨탑과 스테인드 글래스가 등장
했다.

이렇게 빛에 집착한 이유는 빛이 일상생활에도 중요했지만
무엇보다 정신적인 의미도 컸다. '지속적으로 쏟아지는 빛
(Lux continua')은 지속적인 축복과 행운의 약속이자 상징이었
다. 타락한 삶, 기댈곳 없는 고단한 삶을 치유하는 힘의 근원
으로 여겨졌다.

이곳에 사는 평범한 이들의 삶을 지켜내었던 청년용사 천군
들 역시 시대의 빛이자 기댈곳 없는 이들의 삶을 위로하는

힐링 히어로였다. 그들의 정신과 삶이 아로새겨진 천년 전의 하루를 밝힌 햇살이 오늘날에도 변함없이 천군동의 하루를 밝히고 명멸해가는 그 시각, 마지막 남은 빛이 타워의 유리에 부서지며 찬란한 굿바이 인사를 전하는 '룩스콘티누아'의 향연은, 미래와 꿈을 향해 달려가는 이들의 뜨겁고 숨가빴던 하루를 위로하는 감동의 힐링 모멘트다.

주차 빌딩과 그 주변 공간이 약 20개의 짧은 스토리텔링과 브랜딩을 통해 새롭게 태어났습니다. 뿐만 아니라 역사성이 강한 공간과 서구식 첨단 주차복합시설이 조화를 이루게 되었습니다. 치열하게 공간과 사람, 철학과 건물 사이에 연결성을 찾은 결과였습니다.

이와 같이, 연결성은 이야기의 힘을 높이는 데 결정적인 역할을 합니다. 심지어는 허무맹랑한 이야기조차 살려내는 힘이 있습니다. 그래서 역사 속 실명이 등장하는 영화에 우리가 무작정 끌리는 것입니다. 사실이 아닐 거라는 걸 뻔히 알면서도 광해, 정조, 주몽과 같은 이름이 등장하면 우리는 그냥 믿고 보게 됩니다. 허구조차도 사실과 연결만 잘 시키면 스토리 파워가 살아나지요.

10년 전쯤의 일입니다. 경남 창녕 우포늪에 관한 스토리텔링 작업이 거의 다 끝나 가는데 몇 개월 동안 작업을 도와주신 담당계장님이 '잉어왕자와 수양버들 처녀의 전설'을 만들어달라는 뜻밖의 부탁을 해왔습니다.

스토리텔링은 철저히 사실을 기반으로 하는 작업이어야 합니다. 팩트는 스토리텔링이라는 풍선에 달린 긴 끈과 같아서 정확한 출발점이 있고 정확한 목적지를 향해 전해져야 하기 때문입니다. 그렇지 않은 이야기는, 끈 없는 풍선과도 같아서 애써 만들어 세상에 내보내도 결국 날아가 버리지요.

그래서 자연과 인간과의 관계요소가 강한 우포늪의 스토리텔링은, 우포에 관한 역사적 사실과 우포늪과 함께 살아가는 사람들 사이에 전해 내려오는 늪지 생활방식, 민속, 풍습, 일화를 기본으로 했고 거기에 설득력이 있는 설화까지는 포함시켰습니다.

그렇게 어디에서도 만날 수 없는 우포늪만의 독특하고 특별한 스토리텔링을 완성시켰습니다. 그런데 거기다가 말도 안 되는 잉어왕자 전설이라니! 도저히 그 부탁은 받아들이기가 어려워서 거절했지만, 작업 과정 중에 그 분이 보여주신 진솔함과 성실함을 알고 있던 터라 그저 하는 척이라도 하자는 마음으로 다시 마을로 들어가 토박이 주민들과 마주 앉았습니다. 그리고 잉어에 대한 이야기를 집중적으로 조사하는 한편, 우포늪의 왕버들에 대한 역사적 기록, 수종의 특성 등을 다각적으로 조사했습니다. 하지만 예상한 대로 쓸 만한 자료는 전혀 없었습니다.

며칠 동안의 수고로 얻은 것이라곤 고작 '원래 왕버들나무는' 저렇게 몸을 늪으로 기울이고 서 있었다'는 주민들의 이야기뿐이었습니다. 그 모습이 꼭, 늪에 소중한 물건을 빠뜨려서 늪가를 떠나지 못하는 사람같은 느낌이 들기도 하고, 금방이라도 늪에 몸을 던질 것은 실연을 당한 여인 같은 느낌이 들기도 해서 '버들처녀가 잉어왕자라도 기다리나' 하면서 농을 하기도 하고 '일편단심 버들처녀'라고 경탄하기도 하면서 시작된 이야기가 오랜 세월을 지나면서 이런 저런 이야기로 전해져오고 있었습니다.

버들처녀가 있을 리도, 잉어왕자가 있을 리도 만무했지만, 늪과 자연과 생물들을 바라보는 우포늪 사람들의 생각이 새롭게 다가왔습니다. 대를 이어 그곳에서 살아가는 사람들에게는 태어나면서 세상을 떠날 때까지 함께 사는 늪과 나무 그리고 늪 속의 생물들이 동무였고 이웃이었습니다. 늪과 주변 생물들의 생로병사를 바라보며 그들만이 상상할 수 있고 이어갈 수 있는 이야기라면 그것마저도 우포늪의 일부가 아닐까 하는 생각이 들었습니다. 그래서 이례적으로 전설을 내용에 담게 됐습니다. 그 내용은 다음과 같습니다.

천년잉어를 기다리는 왕버들의 전설

잉어가 범상치 않은 재주와 수려한 용모를 가진 늪의 수호천사라면, 우포늪 곳곳에서 환상적인 아름다움을 자아내는 왕버들나무는 늪의 여신에 비유됩니다. 왕버들나무는 우포늪의 몽환적인 정경을 만들어내는 주인공입니다. 석양 무렵, 혹은 이른 새벽녘, 부서지는 햇살과 물안개 속에서 가히 여신에 버금가는 압도적인 아름다움을 연출합니다. 평소에도 늪에 반쯤 몸을 담그고 '멱 감는 처녀의 뒷모습'같은 비밀스러움을 자아내는가 하면, 연두빛 버들잎이 나기 시작할 때면 살랑 살랑 부는 바람과 함께 다가와 금방이라도 말을 걸어올 듯합니다. 그렇게 왕버들나무는 마치 신선이 사는 선경에 들어선 듯한 착각을 일으키게 만듭니다.

그 중에 가장 기이한 인상으로 다가오는 왕버들 나무가 바로 우포늪 입구에서 전망대로 가는 길목에 선 가장 오래된 왕버들 나무입니다. 수령이 족히 5백년은 넘었을 이 왕버들 나무는 앙상한 나뭇가지들을 애써 붙들고 서서 끝없이 펼쳐진 늪을 초연한 눈빛으로 바라보는 망부석같은 모습입니다.

무언가 할 말을 머금은 듯한 그 곁을 지나칠 때면 훌쩍 잉어가 높이 모습을 드러냈다가 사라지는 광경을 보게 됩니다. 그럴 때마다 왕버들 나무는 사뭇 놀란 듯, 긴 옷자락 같은 가지를 살짝 흔들다가 다시 힘없이 가지 끝을 떨굽니다. 오랜 기다림에 지친 듯, 늪으로 점점 기울어가는 제 몸을 힘겹게 버티고 있는 늪의 여신. 마을 사람들에겐 이 나무에 관한 슬픈 이야기가 대대로 전해져오고 있습니다.

먼 옛날, 늪의 깊은 수중에 위치한 용궁의 왕자는 환상적인 우포늪의 정취에 반해 밤마다 뭍으로 나와 정취를 구경하고 다녔습니다. 그러던 어느 날 달빛에 취해 밤 마실을 나온 마을 처녀 버들을 만나게 됩니다. 여신을 연상케 하는 아름다운 버들에게 한 눈에 반한 왕자는 그 이후 버들을 만나기 위해 매일 밤 늪으로 찾았고, 결국 둘은 사랑에 빠지게 되었습니다. 하지만, 새벽이 되면 다시 늪으로 돌아가야 하는 왕자에게 버들과의 이별은 힘겹기만 했습니다. 그러던 어느 날 왕자는 꾀를 내어 낮에는 잉어로 변신해 하루 종일 버들이 보이는 뭍 주변을 맴돌았는데 그러다가 그만 어부의 그물에 걸려 죽음의 위기에 처하게 되고 용왕에게까지 왕자와 버들처녀의 이야기가 알려지게 됩니다.

용왕은 우선 아들의 목숨을 구하긴 했으나 육지의 여자와 사랑에 빠진 아들을 막기 위해 잉어로 만들어 다시는 뭍에 올라가지 못하게 했습니다. 왕자는 마지막으로 버들처녀를 찾아와 천년저주에 걸렸으니 자신을 잊으라고 말했지만 버들은 천년의 저주가 풀리는 날까지 기다리겠노라며 늪가에서 꼼짝도 하지 않고 기다리다가 그만 숨을 거두고 말았습니다. 그로부터 얼마 뒤, 버들처녀가 죽은 늪가에는 전에 보지 못했던 아름다운 나무가 자라기 시작했습니다. 마을 사람들은 죽은 버들 처녀의 원혼이 환생한 것이라 해서 왕버들이라 부르기 시작했습니다. 그렇게 오늘도 길게 가지를 드리우고 조용히 늪을 바라보고 있는 왕버들. 천년의 저주가 풀리는 날, 왕자가 제 모습을 찾으면, 나무가 되어버린 버들처녀도 환생할 수 있을까요.

그들의 감격적인 재회를 기원하며, 오늘 내 삶 안에 있는 사랑을 다시 돌아보고자 하는 우포늪 사람들, 그들이 바로 잉어왕자요, 버들처녀이자 우포늪입니다.

이 이야기는 사실을 근거로 한 스토리텔링이 아닙니다. 그런데 현장에서는 꽤나 반응이 좋은 듯합니다. 그 이유는 이야기와 우포늪의 생태 그리고 더불어 사는 사람들의 바램에 공감할 수 있도록 연결되어 있기 때문입니다. 특히 석양 무렵 처연해 보이는 왕버들 나무 옆에서 이 이야기를 들은 사람들은 한동안 그 곁을 떠나지 못해 서성이기도 하고, 잉어가 솟아오르는 모습을 찍기 위해 늪을 찾기도 합니다. 왕버들나무와 잉어를 한 컷에 담으면 마치 엄청난 보석이나 찾은 것처럼 기뻐하며 찍은 사진을 연인들에게 사랑의 징표로 선물을 하기도 합니다. 그것은 이 이야기가 아름다운 사랑을 만나기를 바라는 것은 모든 이들의 소망과 강력하게 연결되어 있기 때문입니다.

정교하고도 감성적인 스토리텔링의 연결성은 실존하는 사실뿐 아니라, 허구에서 출발했다 할지라도, 스토리텔링의 힘을 확장시키는 강력한 동력이 됩니다.

열두 번째 상자, 지속가능성 Sustainability

요즘 가장 자주 듣는 화두 중에 하나가 바로 '지속가능성'입니다. 이 코드는 단순히 스토리텔링뿐 아니라 환경, 생태, 에너지 분야에서 시작된 이 코드는 요즘 정치,경제, 사회 분야에서도

‹‹‹‹‹‹‹

등장하기 시작했지요. 나라와 나라, 민족과 민족, 자연과 사람이 어떻게 하면 평화롭게 공존할 수 있고, 또한 이 공존의 지속가능성을 높일 수 있는가 하는 것이 21세기 최대의 이슈입니다.

그런데 스토리텔링 역시 지속가능해야만 합니다. 우리는 오랜 세월이 지나도 변함없이 그 가치가 빛나는 이야기를 많이 알고 있습니다. 〈어린 왕자〉나 〈키다리 아저씨〉, 〈헨델과 그레델〉, 〈재크와 콩나무〉 등 시대와 국경을 넘어 많은 이들에게 사랑받는 이야기에는 인류 보편의 강력한 감동과 치유의 힘이 있습니다. 사람들은 이런 시공을 초월한 진실이 담긴 이야기를 통해 위로를 받고 다시 살아갈 용기를 얻습니다.

그런데 스토리의 지속가능성은 진정성과 가장 관련이 깊습니다. 진정성이 있는 이야기는 그 생명력 또한 오래 갑니다. 이런 이야기에는 어떤 시대, 어떤 환경에 있는 어떤 사람에게도 감동이 있고 교훈이 되는 인간의 가장 보편적인 가치-사랑, 희생, 용기, 도전, 용서-와 연결되어 있습니다. 속담이나 격언, 4대 종교의 경전에 나오는 유명한 구절들 그리고 위대한 고전과 동화들이 그 좋은 예입니다.

그런데 그런 완성도가 높은 문학작품이나 위대한 종교 경전 외에도 위대한 지속가능성을 가진 스토리텔링의 예들이 많습니다. 스위스의 고대도시 생갈렌에서도 그 예를 찾아볼 수 있습니다.

2천 오백년 전 스위스에서 가장 먼저 사람들이 살기 시작했다는 생갈렌에는 스위스에서 가장 먼저 유네스코 세계문화유산으로 지정된 생갈렌수도원Abbey of St. Gallen이 있습니다. 6세기 경 이곳에 처음 세워진 아름다운 이 수도원에는 지금도 당시에 지은 병원. 빵공장, 허브 정원과 양조장등이 남아 있어 일 년 내내 전세계에서 많은 이들이 찾는 명소가 되었습니다.

그런데 생갈렌수도원을 세계 문화유산으로 만드는 데 결정적인 역할을 한 것은 바로 생갈렌수도원 도서관Stiftsbibliothek, Abbey Library of St. Gallen입니다.

유럽에서 가장 오래된 도서관이자 세계에서 가장 아름다운 도서관으로 중세 수도사들이 직접 키운 양으로 제작한 양피지 위에 정성껏 필사한, 8세기 성경필사본을 비롯해 약 천년동안 제작된 수많은 귀중본 약 15만권이 소장되어 있습니다. 소장품의 훼손을 막기 위해 사진 촬영은 물론, 조명까지도 어둡게 되어

<<<<<<<

있어서 도서관이 아닌 굴속에 들어선 듯한 기분이지만, 금방이라도 중세의 수도사들이 튀어나와 낯선 무리들을 보고 당황해할 것만 같은, 특별한 추억을 만날 수 있습니다.

그런데 이 도서관을 가장 특별하게 만드는 것, 그래서 찾는 이들에게 평생 잊지 못할 감동을 선사하는 것은 도서관 안에 있는 어떤 위대한 책도 아닌, 바로 도서관 입구에 걸린 '영혼의 약국'이라는 현판입니다. 단순히 오래된 책을 보관한 곳이 아닌, 병든 영혼을 고칠 지혜의 약이 있는 곳이라는 이 스토리텔링 덕분에 생갈렌 도서관은 세상에서 가장 아름다운 도서관이 되었을 뿐 아니라, 유럽인들이 생애 한 번은 꼭 오고 싶은 곳이 되었으며 천년이 넘도록 인류의 사랑을 받고 수많은 영혼을 치유하는 위대한 유산이 된 것입니다.

이처럼 인간이나 시대의 위대한 업적이나 성과나 규모가 아닌, 이름 없는 나약한 인간에게 주목하고 그 존재를 위로하며 아픔을 치유하는 스토리텔링일수록 지속가능성이 높아지며 위대한 생명력을 갖게 됩니다.

요즘 우리 가슴을 뛰게 하는 축구영웅 손흥민, 수백 년간 한국인의 자긍심이 되어준 세종 대왕이 앞으로도 오랜 세월 미래 한국인의 영웅으로 남을 수 있을까요. 아니 스위스 생갈렌의 '영혼의 약국'처럼 국경을 넘어 지구촌 사람들이 본받고 싶은 위대한 인물이 될 수 있을까요. 충분히 그럴 수 있는 조건을 갖추고 있습니다. 그렇다면 이 두 인물을 어떤 스토리텔링으로 전해야 할까요.

하나의 감동적인 스토리텔링이 손흥민과 세종을 시공을 초월한 인류의 위대한 영웅으로 만들 수 있습니다. 동시에 단 몇 글자의 현판 하나로, 서울어린이대공원을 세대를 이어 많은 이들이 찾는 한국인의 마음의 고향으로 만들 수 있습니다. 이런 강력한 지속가능성은 앞서 설명한 11개의 섹터를 충실히 충족시킨 후에 선물처럼 오는 결과물과도 같아서, 냉철한 정체성 파악, 치열한 가치의 재발견, 그리고 최선의 전달도구를 선택하는 과정에서 자연스럽게 압축되는 결과물이기도 합니다.

그런데 종종 시대를 초월한 강력한 지속가능성은 역발상이나 상상불가의 부조화 속에서 탄생합니다. 영화 〈미션〉에서 가장 강력한 감동으로 남은 장면을 꼽으라면 대개는 식인종들이 다가오는 가운데 연주되던 가브리엘의 '오보에 연주'장면을 떠올릴 것입니다. 숨도 쉬기 어려울 만큼 살벌한 가운데 연주되는 너무도 아름다운 선율의 조화가 강력한 인상을 주면서 오랜 세월에 걸쳐 사람들에게 강력한 울림을 준 장면인데요. 영화 〈시네마 천국〉에도 정말 잊지 못할 장면이 등장하지요. 개스실로 끌려가는 아버지가 아들이 충격을 받을까봐 춤을 추듯, 마치 자진해서 가는 것처럼 마지막까지 웃는 얼굴로 행진을 합니다. 자극적인 장면이 아님에도 불구하고 울지도 웃을 수도 없는 강력한 충격과 감동이 밀려오는 장면인데요. 이처럼, 포화로 잿더미가 된 전장터에 피어난 꽃과 같이 상반된 개념이 공존하면서 탄생시키는 강력한 메타포가 지속가능성을 싹 틔우는 씨앗이 되기도 합니다.

이제까지 우리는 스토리텔링의 핵심 요인인 12가지에 대해 살펴보았습니다. 이 외에도 스토리텔링의 완성에 영향을 미치는 요인들이 있겠으나, 이 책에서는 스토리텔링이라는 구조물의 기둥이 되는 많은 요인들 중에 12가지를 중심으로 살펴보았습니다. 이를 활용해서 소재의 정체성을 정확히 파악하고 가치 창출의 가능성과 전달방법의 방향을 모색해나간다면, 단순히 감각이나 순간적인 시류에 편승하여 만들어진 스토리텔링과는 다른, 보다 진정성 있고 많은 이들이 공감하며 더 오래 더 큰 감동을 전하는 스토리텔링을 할 수 있게 됩니다.

〈참고〉   12섹터분석법은 주로 현존하는 건물, 자연물, 역
          사적 인물과 사건에 대한, 중량감 있는 스토리텔
          링을 하는 데 유용한 개념설계입니다. 신변잡기
          나 자기소개서 등을 쓸 때에는 뒤에 소개될 '12
          키워드분석법'을 적용하는 것이 좋습니다.

❬❬❬❬❬❬

5. 스토리텔링 실전

×
×
×

자, 이제 앞에서 살펴본 12섹터 분석법을 이용해 스토리를 만들어보도록 하겠습니다. 스토리를 만드는 순서는 다음과 같습니다.

> 12섹터 분석법을 이용한 샘플링
> 샘플링결과에서 나타난 강점요소를 기본으로 한 주제 설정
> 주제를 집약적으로 나타내는 스토리라인 작성
> 스토리라인을 활용한 스토리 구성

실전1, 일연과 삼국유사에 관한 스토리텔링 만들기

이제 내가 다루고 싶은 소재를 12개의 상자에 넣어보면 되는데요. 먼저 앞에 사례로 들었던 〈일연과 삼국유사〉를 평가표에 넣어 분석을 해봅니다. 사람마다 조금씩 다르겠지만 대략 다음과 같은 결과가 나올 것입니다.

평가기준 -1(부적절) 2(빈약) 3(보통이하) 4(보통) 5(보통이상) 6(양호) 7(탁월)		
정체성	**분석**	**평가**
프로필	당대 최고의 지식인이자 종신직인 국존이라는 명예직에 올랐으나 책 집필을 위해 이를 버림.	6
배경	고려말, 몽골통치 치하. 매력있는 배경은 아님	3
참고자료	삼국사기에 등장하는 기록/몽골침략/삼국유사 집필사실 등 있음	6
현재상태	황룡사터, 삼국유사, 인각사 등 유적 다수 현존	6
가치		
진실성	역사적 기록이 빈약한 편. 사실일 확률은 많으나 단정 못함	3
독보성	당대 최고의 지식인이요, 승려가 수준 높은 불법서가 아니라 보통 사람들을 위한 쉬운 이야기책을 썼다는 점에서 독보적인 매력 있음	6
시의성	주제만으로 보면, 승려의 비폭력적 전투이며 평화, 애민, 지혜라는 측면에서 탁월한 소재이나딱히 시의성이 높다고는 할 수 없음.	3
수요성	최근 스토리텔링의 관심도가 높아 수요성 높을 것으로 평가	7
전달성		
캐릭터성	최초의 스토리텔링 전문가로 조명 가능	6
관점전환	단순히 삼국유사의 저자로 알려져 있지만, 나라 잃은 백성들에게 민족의 자긍심과 정체성을 일깨운 '행동하는 지식인'상으로 전환 가능	7
연결성	시대를 초월. 스토리텔링의 위력을 보여주는 소재	7

| 지속성 | 평화, 애민의 사상은 변하지 않는 감동코드. 언제 어떤 상황에서도 생명력이 있습니다. | 5 |

12섹터 분석을 통해 얻어진 일연과 삼국유사의 '강점'은 다음과 같습니다.

- 일연은 한민족 최초의 스토리텔러
- 삼국유사는 일연이 명예와 안락한 삶을 버리고, 생을 바쳐 완성한 유작
- 단순한 이야기책이 아니라, 민족의 탁월한 역사와 영웅을 통해 잊혀져가는 민족혼을 살리기 위한 일종의 '불타지 않는 대장경'

위와 같이 정리된 강점요소를 중심으로 스토리라인을 작성합니다. 여기서부터는 작가만의 독특한 관심사와 특성에 따라 내용이 달라질 수 있습니다. 저의 경우는 다음과 같이 정리했습니다.

정체성	분석	평가	스토리라인
프로필	종신직이자 최고 명예인 국존	6	승려의 꿈인 종신직 국존에 올랐으나, 책 집필을 위해 이를 버림.

참고자료	일연의황룡사 빙문기록/대장경제작/황룡사 방화	7	삼국유사에 1281년 충렬왕이 일연을 불렀다'는 기록 있음.
현재상태	황룡사터, 삼국유사외	6	스토리의 현장 배경.
전달성			
캐릭터성	역사 최초의 스토리텔러로 조명 가능	7	시대를 앞서가는 컨텐츠 전문가
관점의 전환 changing frame	역사속주변인물이미지-창조적인 인물로 프레임의 혁명적인전환 가능	7	– 삼국유사 집필계기에 대한 호기심을 유발시킨다. – 삼국유사는 '설화집'이라는 관점에서-위기에 처한 고려의 백성을 위한 승려의 '불타지 않는 대장경'이라는 관점으로 변화 – 삼국유사는 일연의 대몽항쟁
연결성	최초의 스토리텔러라는 점을 부각, 스토리텔링의 중요성을 부각시킴	7	– 불교국가 고려가 종교 하드웨어제작에 치중하여 현실적인 안보에 허술했던 반면, 일연은 소프트웨어로 승부. – 나라의 위기를 컨텐츠로 이겨내도록 기여한 위대한 지식인

이 내용을 중심으로 저는 다음과 같은 스토리텔링을 만들어 보았습니다.

1281년 일연은 황룡사에서 무엇을 보았는가

경주를 여행하노라면 그림자처럼 따라다니는 이야기책이 한

권 있다. 바로 삼국유사다. 책의 이름에도 나오듯 삼국유사
는 정식 사서가 아닌 떠도는 이야기들을 모은 이야기책이다.
그럼에도 불구하고 오늘날 많은 사람들이 알고 있는 삼국에
관한 얘기의 대부분은 모두 삼국유사에서 인용된 것이다.
단순히 한반도의 고대를 이해하도록 도와주는 정도가 아니
라 한국인의 정신세계 형성에 엄청난 영향을 끼친 책이다.
이 책을 쓴 이는 승려 일연. 고승이라면 불경이나 특별한 도
력, 그도 아니면 유명한 사찰과 함께 이름을 남기는 것이 일
반적인데 그는 이야기책으로 역사에 이름을 남긴 특별한 인
물이다.

황룡사의 재앙과 고승 일연

1281년의 어느 날, 승려 일연은 급히 서라벌로 향했다. 충렬
왕이 그를 보기를 원한 것이다. 당시 일본 정벌에 나선 몽고
군은 충렬왕에게 직접 군대를 끌고 전쟁에 참여하라고 명령
했다. 그는 전쟁에 나서기 전 왕실의 스승인 일연을 보고자
했다. 두 사람이 만난 곳은 황룡사터였다.

황룡사는 신라 제국의 힘과 예술의 수준을 한눈에 볼 수 있
는 불교의 나라 신라의 상징이었다. 진흥왕 때 창건된 황룡
사는 불국사의 약 8배가 되는 넓은 면적에 눈부신 금당과 백

제의 명장인 아비지가 만들었다는 높이 80미터의 9층 목탑
이 보는 이들을 압도했다. 숭례문보다 몇 배나 더 컸을 것으
로 추정되는 금당의 벽에는 솔거의 노송도가 그려져 있었는
데 그림이 얼마나 생동감이 있었는지 새들이 앉으려고 날아
들다 벽에 부딪혀 죽곤 했다는 이야기가 전설처럼 전해져 오
고 있었다. 황룡사를 건설했던 신라인들은 신라 땅에 부처가
산다고 믿었다.

그런데, 그 모든 것이 몽골에 의해 잿더미로 변한 것이다. 당
시 황룡사가 불타면서 날린 재로 인해 서라벌의 하늘이 며
칠이나 캄캄했다는 이야기를 일연도 들은 적이 있었다. 황룡
사의 재앙은 곧 고려의 재앙이었다.   그런데 고려의 왕은 이
위대한 유산을 날려버린 몽골의 전쟁을 도우러 출정하는 길
이었다. 그 왕의 참담한 심정과 기울어가는 고려의 운명 앞
에서 고승 일연은 무슨 생각을 했을까.

그는 1206년에 태어나서 1289년에 세상을 떠났다. 그런데
그 시기는 고려 역사상 가장 위험하고 심란한 시기였다. 공
교롭게도 그가 태어난 1206년은 징기스칸이 중원을 통일하
고 몽골 제국을 세운 해이다. 이후 주변국을 차례로 정복해
나가던 몽골은 1231년부터 고려정복에 나선다. 이후 40년간
고려는 역사상 가장 참혹한 시기를 맞았다.

일연은 바로 그런 시대를 살았던 인물이다. 9세에 절에 들어가 13살에 구족계를 받고 일연이라는 법명을 가진 수도자가 된 뒤 스무 살이 넘어 승과에 합격하는데 그로부터 몇 해 되지 않아 몽고의 침략이 시작된 것이다. 나라는 참혹한 고통에 처하지만 그는 승승장구 신분이 높아져 국존이라는 자리까지 올랐다.

신라의 황룡사와 고려의 팔만대장경 사이에서

당시 고려는 대 몽고 항전의 하나로 대장경을 제작했다. 당시 고려의 상황은 너무도 절박했다. 그들이 알고 있었던 세상의 학문이나 철학으로는 세계적인 제국의 말발굽아래 놓인 현실을 극복할 힘이 없었던 것이다. 그래서 고려 현종은 일찍이 6천장 규모의 대장경을 만들고 아름답게 금박까지 입혀서 영험한 호국의 상징으로 보관했었다. 그런데 몽골은 고려인들의 기를 꺾기 위해 대장경을 먼저 불태워버렸다. 그러자 고종은 다시 어마어마한 규모의 대장경 제작에 착수했다. 그것이 오늘날 해인사에 남아있는 팔만대장경이다.

대한민국 사람이라면 팔만대장경이 얼마나 엄청난 문화재인지, 또한 그 제작 과정이 어떠했는지 웬만큼은 안다. 제작에 참여한 연인원만 평균 5만 명으로 추정되는데 그렇게 16

년이 걸렸다. 판각의 수준이나 제작 기법, 그리고 5천 만자가 넘는 방대한 양의 불경이 담겼다는 점에서, 당대 어느 나라에도 뒤지지 않는 세계 최고의 불교유산이다.

그런데 당시 상황을 상상해보자. 대륙을 휩쓸었던 몽골의 기마부대가 전국을 휘젓고 다니며 불을 지르고 사람을 죽이며 아녀자를 겁탈하는 비참한 상황인데 나라는 국력을 쏟아서 대장경을 만들었다. 그 이유는 대장경이 곧 부처이고 그 부처가 나라를 지켜줄 것이라 믿었기 때문이다. 그러니 대장경은 절대로 불타서 사라질 수가 없는 것이다. 그래서 6천장짜리 대장경이 불탔을 때, 백성들은 하늘이 무너지는 절망을 경험했다. 그리고 대장경을 불태운 몽고가 고려를 농락하는 상황 앞에서 백성들은 살아갈 힘을 잃고 말았다.

그래서 고종은 또 다시 대장경 제작에 착수한 것이다. 그것은 고려의 군주가 선택한 최선의 병법이었다. 그래서 군사를 기르고 무기를 만들어 적과 싸워야 할 막대한 예산을 대장경 제작에 쏟아 부었다. 그렇게 완성된 팔만대장경 경판은 그때까지 지구상에 남아 있는 약 5천만자의 불법을 다 모은 엄청난 규모다. 그것은 지고한 불심의 발로이자 힘없는 나라를 지키기 위한 마지막 불꽃과도 같은 헌신이었다. 그렇게 고려는 역사상 가장 위대한 불교문화유산을 만들어 해인사에 봉

안했다.

그러나 고려는 끝내 망하고 말았다. 가족들이 몽골의 칼에 쓰러져도 자기 아내와 딸이 겁탈을 당하고 끌려가도 오직 대장경 제작에 헌신했던 백성들은 완전히 삶의 의지를 잃어버렸다. 팔만대장경과 같은 위대한 부처도 고려를 지켜주지 못했던 것이다. 황룡사를 불태운 몽골이 팔만대장경을 잿더미로 만드는 것은 일도 아니다.

그런 상황 속에서 불타 버린 황룡사터에 선 일연의 심정은 어땠을까. 몽골이 한반도를 지배한 지 어느 덧 20년이 넘어서고 있었다. 이미 고려도 스스로를 지탱할 힘과 정신을 잃어가고 있었다.

고려의 왕자는 몽골의 황실에서 자라서 몽골 황제의 딸과 결혼한 뒤에야 왕이 될 수 있었고, 왕이 된 후에도 변발에 몽골의 복장을 해야 했다. 그러니 백성들에게 몽골의 문화와 몽골식 사고방식이 확산되는 것은 너무도 쉬웠다. 빛났던 고려의 전통, 한민족의 자긍심은 비난받고 천대시 되었다. 위대한 팔만대장경을 만든 민족이라는 자긍심도, 팔만대장경을 만들어 고려를 지키겠다 했던 그 마음도 까마득히 잊혀져가고 있었다. 나라만 정복을 당한 것이 아니라 민족의 정신도 사라지고 있었던 것이다.

승려 일연의 첨단 하이테크, 스토리텔링

그로부터 얼마 뒤 일연은 승려의 최고 명예인 국존의 자리에 이른다. 하지만 1년 뒤 그는 종신직인 국존의 자리를 버리고 고향 집으로 돌아온다. 경산의 자기 집에서 노모를 봉양하며 그가 죽기 전에 마무리 한 책이 바로 삼국유사다.

그런데 삼국유사란 책과 고승 일연을 연결 짓기란 정말 쉽지 않다. 생각할수록 그는 이상한 사람이다. 그 심란한 시기에 왜 그는 삼국유사 같은 이야기책을 썼을까. 물론 그도 탁월한 불법 전문서를 저술한 바 있다. 그러나 그가 가장 심혈을 기울인 저서는 바로 〈삼국유사〉다. 그것도 죽기 전에 마지막 남은 생명의 불꽃을 모아 심혈을 기울인 역작이다.

그런데 이게 무슨 병법서도 아니고 역사서라고 하기도 어렵다. 죽어가는 건 고려백성인데 주인공들은 삼국시대 사람들인데다가 믿을 수도 안 믿을 수도 없는 설화와 전설과 뜬구름 잡는 이야기들이 대부분이다. 그저 노인들이 아이들의 자장가 대신 해주면 딱인 그런 이야기들을 당대 최고의 지식인이자 승려였던 고승이 생애 마지막 유작으로 남긴 것이다.

예를 들면 연오랑 세오녀가 둥둥 떠다니는 섬을 타고 일본에 가서 왕이 되었다든가, 풍랑을 잠재우고 병을 고쳤다는 만파식적이란 요술피리가 있었다든가 하는 이야기에 향가 이

십 여수, 그리고 삼국의 왕들과 용왕의 비법으로 외적을 물리쳤다는 고승들의 전설들이 대부분이다.

그런데 그 양도 방대하다. 이런 이야기책을 쓰기 위해 팔순이 넘은 그가 노구를 끌고 전국 방방곡곡을 다녔을 수는 없다. 그러니 두 가지 중 하나다. 이미 오래전부터 이런 이야기들을 꾸준히 모아왔거나 아니면 제자들의 도움을 받아 조직적으로 설화들을 모았을 가능성이 높다. 어디 그 뿐인가. 이야기들이 하나같이 탄탄한 이야기구조를 가진 것으로 보아 그는 모은 이야기에 불교적 사상을 담아 재구성했음이 틀림없다.

그런데, 그렇게 만들어진 이야기들은 하나하나가 살아 꿈틀거리듯 생동감 있고 흥미진진하다. 비록 까마득히 먼 삼국시대 이야기들이지만, 이 땅의 조상들이 어떤 마음으로 나라를 세웠고 영웅은 어떤 삶을 살았으며 고승들은 무엇을 했는지, 또한 이름 없는 평민들의 하루하루가 얼마나 평화롭고 아름다웠으며, 한민족이 얼마나 탁월했는지를 느끼게 한다.

연오랑 세오녀는 일본으로 건너가자마자 왕과 왕비가 되었다. 아무나 왕이 되는 것은 아닌데 평범한 어촌의 부부도 다른 나라에 가서는 왕이 될 정도의 비범한 인물임을 넌지시 시사한다. 장군 김유신과 삼국을 통일한 문무왕이 죽어서 각기 천신과 용왕이 되어 나라를 지키다가, 마침내 한 뿌리이면서 몸이 두 개인 대나무로 다시 태어났는데 그것으로 만든 피리는 불기만 하면 모든 병이 낫고 바다도 잠잠해지는 요술 피리다. 믿어도 그만 안 믿어도 그만인, 기분은 좋은 얘기다.

일연의 스토리텔링, 몽골의 야만을 이기다

어쩌면 삼국시대 이야기를 소재로 선택한 것은 몽고를 의식한 결정이었을 가능성이 높다. 당시 정치 분위기상 일연 같은 거물이 고려의 역사에 대해 책을 썼을 경우 몽골의 주목을 받고 결국에는 반대에 부딪힐 수 있기 때문이다. 만일 그렇다면 역사적 사실까지도 실화인지 설화인지 구분하기 어렵게 쓴 부분에 대한 의문이 풀린다. 이렇게 일연은 부담 없는 이야기 속에 찬란했던 한민족의 정신 유산을 고려의 백성에게 전해준 것이다.

그런 면에서 일연의 삼국유사는 일연의 대몽골 병법이다. 팔만대장경이나 황룡사처럼 쉽게 불에 타버리는 하드웨어가 아니라 불타지 않는 소프트웨어로 탄생한 병법서다. 그리고 그런 면에서 본다면 일연의 선택, 일연은 몽골과의 전투에서 승리한 셈이다. 오늘날 우리에게 전해진 삼국에 관한 이야기는 대부분 삼국유사에서 나온 것들이니 말이다. 삼국유사를 통해서 전해진 고대의 이야기는 반만년 역사를 확인시켜 주었고, 한민족의 찬란했던 고대와 용기 있고 위대한 영웅의 후손이라는 자긍심을 심어주었다. 그 힘으로 우리는 몽골 제국이 역사에서 사라져가는 것을 지켜보며 오늘날까지 자긍심을 갖고 역사를 이어오지 않았던가.

황룡사터에 서면 1281년 이 자리에 서 있었던 일연의 얼굴이 보인다. 팔순을 바라보는 백발이 성성한 노승. 불교 뿐 아니라 유교, 도교 등 당대 모든 학문에서 최고의 지식을 가진 위대한 정신이었던 그는, 아마도 이곳에서 참전을 결심하지 않았을까. 한민족의 혼과 정신을 죽이려는 그들을 향해 들었던 무기, 그것은 불타지 않는 황룡사이자 대장경인 이야기였고, 노승의 이야기는 마침내 야만적인 몽골의 칼을 이겼다.

_경주에서 길을 찾다 (이소윤 저, 스토리윤 발간) 중에서

여기에 등장하는 주요 사건, 즉, 몽골의 고려정복, 혼란했던 고려 말의 상황, 일연의 삼국유사 집필은 널리 알려진 역사적 사실입니다. 그러나 그 사건들이 어떤 목적으로 어떻게 연결되느냐에 따라서 완전히 다른 이야기가 됩니다. 역사에 나타난 일연의 행보를 연결고리로 삼아, 위의 역사적 사건들을 다시 보면 일연이, 그리고 그가 우리에게 남겨준 삼국유사라는 책이 그 유구

한 역사 가운데서 얼마나 엄청난 영향을 미쳤는가를 생생하게 알 수 있습니다.

이것이 바로 객관적인 자료 분석과 재구성을 가능케 하는 12섹터 분석법을 활용한 스토리텔링의 장점입니다.

실전2, 가치재발견이 필요한 길 위에 스토리 입히기

두 번째 스토리텔링 샘플은 길을 소재로 한 스토리텔링입니다. 우리나라에도 아름다운 트래킹 코스가 많이 생겼지만 이름 이외에 별다른 스토리텔링이 이루어진 사례는 없습니다. 그런 면에서 '파주DMZ길'은 길에 스토리를 입힌 최초의 사례이므로, 스토리텔링에 관심이 있는 사람이라면 눈여겨 봐둘 필요가 있습니다.

먼저 스토리텔링 대상 지역은 다음과 같습니다.

임진각역-평화누리-46T초소-통일대교-장산곶전망대 -옛임진나루-민통선마을에 이르는 총 16킬로 구간

대상 지역의 현장조사 결과는 다음과 같습니다.

장소	소재	내용
임진각역 −경의선철교	출발점. 분단의 상징	대표적인 DMZ관광지. 외국인, VIP들의 필수코스. 중국관광객도 증가추세
47T통문−철책길 −통일대교	DMZ로 진입 정반대의 이미지를 가진 두 개의 다리	거친 시멘트로 덮힌 군용도로. 시야를 가려선 안된다는 제한 때문에 철책 외엔 나무 한그루 없는 직선로. 겨울이나 한여름엔 최악. 16키로 전체구간에 32개의 초소. 2명의 병사가 12시간마다 보초교대.
에코뮤지엄	대학생들이 철책선에 설치한 통일염원 작품	통일을 기리는 젊은이들의 소망
숲길1	오디와 민통선마을 농부	쓰디쓴 역사적 현실과 달리 단 오디의 맛의 절묘한 조화. 전쟁으로 얼룩진 역사의 땅에서 키워내는 청정유기농 농작물들의 역치적 조화.
바다가 보이는 숲길	초평도와 덕진산성	철새의 고향인 초평도와 삼국통일의 관문이었던 덕진산성
숲길2	군용 참호와 방호벽	한국전쟁의 상흔
장산전망대	북한땅이 한눈에 들어오는 조망권	송악산, 개성공단, 고려 수도였던 개성이 보이며 인근에는 신라 마지막 왕 경순왕의 능, 황진이 묘가 있다
해안길	역대 왕들의 피난길 한국전쟁당시 피난길	장산전망대에서 내려오는 내리막숲길에서 이어지는 그림 같은 해안 길. 임진나루로 이어진다.
임진강과 임진나루	과거 서해물류 중심	고대로부터 중국과의 교류가 빈번했던 물류 중심. 고려시대에 놓았다는 다리가 있던 곳.

해마루촌과 왕촌	강 건너 마을(북한)	물이 빠지면 사람들이 걸어서 건너곤 했던 건너 마을 해 마루 촌과 왕 촌은 9명의 당상관을 배출한 명당마을.
마을로 연결된 산길	마을과 나루를 이어주는 가파른 산길	마을사람들이 나루로 가던 길이자, 내륙의 물산이 임진나루로 가는 길
민통선마을	마정리 일대. 전쟁으로 인구 급감. 상권 폭락	민통선제한구역. 개발 불가. 아직도 1952년 즈음의 모습 그대로다.

여기에 파주 DMZ길이 가진 다음과 같은 특징도 고려했습니다.

- 국내 최초의 길 스토리텔링
- 고대로부터 왕국의 흥망성쇠를 결정지은 사건들이 집중된 지역이자 오늘날 긴장감 넘치는 한반도분단의 현장

자, 이제 현장 조사 결과와 위의 두 가지 특징을 합해서 12섹터분석법을 이용해 강점을 찾아낼 차례입니다.

정체성	분석	평가
프로필	16킬로구간 전체에 설치된 50년된 철책선 인접. 32개의 초소. 민통선마을, 옛 임진나루. 초평도, 덕진산성, 북한땅을 조망할 수 있는 장산곶마루 등 짧은 구간안에 비교적 볼거리가 풍부한 편.	7

배경	고대로부터 수많은 역사적 사건이 벌어졌던 곳. 유쾌하고 자랑스러운 역사는 아니나 흥미로운 곳.	6
참고자료	역사적 기록 풍부. 생존한 주민들의 증언도 풍부. 사실적이고 생동감있는 정체성 표현이 가능.	7
현재상태	제한적 통행구역과 통행불가지역이 포함되어 있어이 길이 개방된다면, 이색적인 체험지가 될 수 있음	7
가치		
진실성	생생한 역사적 기록은 풍부함.	7
독보성	독보적인 특징을 가진 길. 걷고 싶은 길이라고는 할 수 없지만, 다른 어떤 길과도 비교할 수 없는 독보적인 스토리를 가진 길임에는 틀림없음.	6
시의성	분단 상황은 현존하는 최대의 이슈. 흡인력이 매우 높다. 단, 젊은층 기피 이슈임을 감안해야 함.	5
수요성	최근 트래킹에 대한 수요가 높아, 기본적으로는 반응이 괜찮을 것으로 기대됨.	5
전달성		
캐릭터성	DMZ라는 강력한 캐릭터 활용 가능 국내 최초의 길 스토리텔링 지역	6
관점전환	분단지역, 접근 불가 혹은 제한구역이라는 틀에 묶여 제대로 들여다보지 못한 DMZ 지역에 대한 새로운 시각과 호기심과 관심을 모을 수 있는 소재이긴 하다. 단, 매력적인 동인 제공이 필수적이다.	4
연결성	주변에 유명한 분단 관광지가 많아 자연스러운 유입은 가능하나, 특별한 유적지도, 관련인물도 없는 곳인데다가 접근 불가능 지역이 많아서 자연스러운 연결성은 거의 제로.	2
지속성	분단 상황이 지속되는 한, 이 지역에 대한 관심은 기본적으로는 매우 높은 편.	4

샘플링 결과, 이 구간이 갖고 있는 정체성과 가치에서는 비교적 높은 점수가 나온 반면, 전달성은 상대적으로 매우 낮은 점수가 나왔습니다. 즉, 갖고 있는 가치에 비해, 잘 알려지지 않았다는 사실을 말해줍니다. 특별히 전달성 요인 중에서도 캐릭터성은 강한데 다른 세 개의 요인이 약한 편이지요.

이러한 샘플링 결과에 따라 우리는 이번 스토리텔링이 이 구간과 사람들을 연결하는 강력한 연결고리를 찾는 데 집중해야 한다는 사실을 알 수 있습니다.

⟨tip_story⟩

사실, 우리나라에는 이런 지역이 많습니다. 왜냐하면 반만년의 오랜 역사를 갖고 있는 민족이다 보니, 아무리 작은 마을에 가도 몇 백 년 된 유적 한 두 개 쯤은 기본이고, 너무 흔해서 방치되는 게 더 많습니다. 심지어 기괴한 야담이나 전설과 함께 그 소중한 가치마저 손상되기도 하므로 정교하고 세심한 스토리텔링으로 이런 소중한 삶의 흔적들을 되살려내야 합니다.

그렇다면 어떤 스토리텔링으로 이 지역이 갖고 있는 풍성한

‹‹‹‹‹‹‹

이야기 거리와 공유하고 싶은 소중한 가치를 알릴 수 있을까요. 다시 현장 조사 결과를 살펴보며 이 지역과 많은 사람들이 공통적으로 갖고 있는 감성요인과 지금은 전혀 매력을 찾아보기 어려운 16킬로 구간의 길이 매력적으로 보일 수 있도록, 다음과 같이 길 이야기를 구성했습니다.

DMZ로 가는 길목, 임진각에서

분단의 땅 위에 새긴 평화누리의 꿈/녹슨 증기기

관차 앞에서

철책선을 따라 길은 나뉘고_전쟁의 길

그 길의 동행, 철책선과 철교

길에서 만난 얼굴들

통일대교에서 에코 뮤지엄까지

강과 바다, 그리고 섬이 하나가 되다_자연의 길

오디가 익어가는 언덕

DMZ생태의 보고, 초평도와 마주 서다

잊혀진 전설, 덕진산성

하나의 길, 세 번의 역사

철책선의 낭만, 임진강변의 오솔길

천 년 전 배다리의 추억, 임진나루

임진나루에서 장산전망대까지_보부상길

보부상의 길, 장산재를 넘으며

하늘을 이고 선 마루, 장산전망대에서

매복로, 평화를 만나는 길

장단콩 익어가는 마을길_고향의 길

장단콩 익어가는 장산리를 지나며

마정리 마을의 정겨운 돌담길을 돌다

이중 가장 특징적인 이야기 몇 개를 소개합니다.

3. 그 길의 동행, 철책선과 철교

파주DMZ길로 들어서는 첫 관문은 망배단 오른쪽에 있는 묵직한 철문이다. 그 문 안쪽으로 발을 들여놓는 순간, 세월의 흔적이 역력한 오래된 초소와 끝없이 이어지는 철책선이 얼굴을 내민다. 보안상 시야를 확보해야 하는 까닭에 철책선보다 높은 나무도 없고 무성한 덤불도 없다. 곧게 뻗은 약 3

킬로 남짓한 철책 길에 보이는 것이라곤 쉼표처럼 일정한 간격으로 놓인 초소뿐이다.

이웃한 두 마을의 경계선이었던 이곳에 철책선이 들어선 것은 약 30여 년 전. 당시 이곳을 지키고 있던 미군이 철수하고 국군이 들어서면서 임진나루까지 약 10킬로미터에 이르는 철책선이 등장했다. 그저 문 하나를 들어섰을 뿐인데 문 밖과는 너무도 다른 표정을 가진 길. 그 길과 겨우 눈을 맞추고 발걸음을 옮길 무렵, 또 하나의 정경이 발길을 붙든다. 동서로 가로 놓인 철책선 아래 남북으로 길게 놓인 오래된 철교. 바로 조금 전 보았던 증기기관차가 달렸던 경의선 철교이다. 서울에서 부산까지 가는 철길을 경부선이라 부르듯 경의선은 서울에서 신의주까지 오가던 철로를 말한다. 서울을 출발하여 개성~사리원~평양~신안주를 거쳐 신의주에 이르는 499킬로미터 길이의 서북종단철도. 오늘날엔 서울~문산 간의 46km만을 운행하고 있고, 북한은 신의주에서 압록강철교를 건너 만주로 운행 중이다.

경의선 철교는 1905년 경의선 완공과 함께 임진강 위에 모습을 드러냈다. 원래 나무판을 덧댄 외나무다리 기찻길이었던 경의선 철교는 한쪽에서 기차가 들어오면 마주 오던 기차는 그 기차가 지나갈 때까지 서서 기다려야 하는 단선철교이다. 그럼에도 불구하고 경의선은 한양을 반도의 북쪽과 연결하는 유일한 철로였기에 전쟁 당시 가장 먼저 폭파된 다리 중의 하나다. 그런데 정전협정과 함께 포로들이 돌아와야 하는데 강을 건널 방법이 없었다. 국군과 미군은 서둘러 부서진 경의선 철교를 보수했고 포로들은 경의선 철교를 걸어서 건넌 뒤 자유의 다리를 통해 대한민국의 품에 안기게 되었던 것이다.

이후 반세기동안 버려져 있던 철길은 2000년 남북한의 역사적인 합의를 거쳐 복구공사를 시작했으나 북한의 일방적인 계약이행 거부로 현재 중단된 상태이다. 임진강 위에 놓인 아름다운 철교를 바라보며, 하루속히 기차들이 이 철교를 지나 신의주로 부지런히 오가는 그 날을 꿈꾼다.

4. 그 길에서 만난 얼굴들

잠시 철책을 따라 걷노라면 그 너머로 그림처럼 펼쳐진 마정리 들녘이 눈에 들어오기 시작한다. 세월이 가도 마정리 들녘의 정취는 변함이 없다. 반세기 전, 이 길은 마정리 들녘을 가로지르는 아름다운 시골길이었다. 동네 아이들이 삼삼오오 내달리는 길 끝에선 노인을 태운 소달구지가 느릿한 걸음으로 뒤따라오고, 논 위로 석양이 붉게 떨어지는 저녁 무렵

이면 총각처녀들이 시원한 저녁바람을 맞으며 수줍게 사랑을 키우던 길……

그러나 철책선이 들어서면서 이 길의 주인은 긴장된 눈빛의 병사들로 바뀌었다. 24시간 내내 한시도 눈을 떼지 않고 지켜보아야 하는 철책선. 병사들에게 그것은 목숨이었다. 지금도 철조망 위엔 순찰패와 경계용 돌이 남아 있다. 순찰을 돌 때마다 병사들은 손으로 순찰패를 뒤집는다. 철조망 사이사이에 끼어져 있는 돌은 외부의 침투여부를 말해주는 중요한 표식이다.

지난 30년간 이 작은 인식표에 얼마나 많은 병사의 손이 거쳐 갔을까. 적어도 아침저녁 하루 두 번씩은 병사들이 이 철책 길을 오갔을 테고 그렇게 30년이면 인식표 하나에 이만 번 이상의 손길이 거쳐 갔을 것이다. 어디 그뿐인가. 초소마다 최소 두 명의 병사들이 경계근무를 섰다. 10킬로미터에 이르는 이 구간 안에 있는 초소는 모두 30개. 그 초소를 거쳐 갔을 병사의 수는 어림잡아 수천 명에 이른다. 갓 20대 초반이었을 앳된 얼굴의 그 병사들이 꽃다운 청춘과 뜨거운 땀방울을 이 길에 바치지 않았더라면, 오늘 우리가 이 길을 다시 걸을 수 있었을까.

입구에서 통일대교까지 약 2.5킬로미터 남짓한 이 길엔 작

열하는 뙤약볕을 피할 그늘도, 얼음장 같은 추위를 피할 숲
도 없다. 하지만 한번쯤 뜨거운 여름이나 칼바람 부는 영하
의 날씨에 이 길을 걷기를 권한다. 비바람이 부는 장마철에
걸어도 좋으리라. 그래야 평화와 생명을 지키는 일은 그리
말처럼 고상하거나 쉬운 일이 아니라는 사실을, 그것을 위해
누군가는 이 아름다운 길에 철책을 쳐야 했고 또 누군가는
목숨을 바쳐 지켜야 했다는 사실을 느낄 수 있지 않을까.

9. 하나의 길, 세 번의 역사

초평도 조망대를 내려오면 철길을 따라 임진강과 함께 걷는
해안길이다. 철책 너머로 초평도를 감싸고 돌아온 여러 개
의 물길이 만나 작은 소를 이루며 휘도는 모습도 육안으로
확인할 수 있습니다. 이곳에 철책이 들어선 것은 80년대 초.
그 이전까지 토박이 주민들은 이 여울에서 헤엄도 치고 고기
도 잡곤 했다. 그 땐 물속에서 노는 물고기가 훤히 들여다보
일 만큼 물이 맑았다고 한다. 초평도 뒤로 멀리 백학산이 있
고 그 산 기슭을 따라 오른쪽으로 더듬어가면 마치 산자락이
감싸고 있는 듯한 그림같은 마을이 보인다. 그곳이 바로 해
마루촌, 옛 동파리다. 바닷물이 들어오는 밀물 때는 동파리
나루에서 연천 고랑포로 가는 황포돛배가 떴다. 그 강줄기는

지금도 그림같은 여울을 이루고 있는데 그 여울을 따라 오른쪽으로 내려오다 보면 고려와 조선시대 왕실의 친척들이 모여 살았다는 왕촌이 보인다. 밀물 때는 여울이 되지만, 물이 빠지고 나면 땅이 드러난다. 그 길을 따라 사람들은 동파리에서 문산까지 걸어나와 장을 보곤 했다.

천 여년 간 사람의 발길이 분주히 오갔던 그 길엔 유난히 사연이 많다. 그 첫 번째 주인공은 신라 마지막 왕인 경순왕. 나라의 운명이 기울자 왕건에게 항복하기로 하고 경주에서 송악을 향해 길을 나서는데, 당시의 육로 사정을 볼 때 이 길을 지나갔을 확률이 매우 높다. 역사는 그 길을 비굴한 항복의 길로 기록하고 있으나 내막을 보면 같은 핏줄인 왕건에게 항복함으로서 신라 천년의 전통과 유물을 살리는 동시에 혼란한 후삼국을 통째 삼키려고 기회를 엿보던 당나라를 보기 좋게 실망시킨 사건이었다. 즉, 우리 역사상 최초의 평화적인 정권교체가 이 길을 통해 이루어진 셈이다. 두 번째 주인공은 우리가 잘 알고 있는 조선의 임금 선조다. 갑작스런 왜국의 침략에 속수무책이던 조선, 급기야 왕이 궁을 버리고 피난길에 오르는 상황에 처하고 만다. 당시 선조 일행은 한양에서 임진나루까지 가장 빠른 직선코스인 이 길을 거쳐 화석정에서 하룻밤을 머물렀다고 역사는 기록하고 있다.

조선 시대 왕의 피난길이었던 이 길은 현대에 이르러 백성의 피난길이 됐다. 이 길의 세 번째 운명적인 주인공은 바로 지금까지 이 땅에 살고 있는 한국전쟁 피난민들이다. 그 중에는 잠시 강을 건너가 있으라는 말에 맨 몸으로 강을 건넜다가 60년이 넘도록 고향에 돌아가지 못한 소개민도 상당수다. 그들 중 일부가 지금 해마루촌에 정착해 고향으로 돌아갈 날만을 기다리고 있다.

11. 천 년 전 배다리의 추억─임진나루에서

철책 길 10킬로, 그 길이 끝나는 곳에 임진나루가 있다. 지금도 일부 허가를 받은 어부들이 배를 띄우고 임진강의 특산물인 황복을 비롯해 싱싱한 물고기를 가득 잡아 돌아오는 임진나루. 가장 흥미로운 기록 중의 하나는 고려 의종 때 등장한다. 당시 임진나루는 지금의 서울인 남경으로 통하는 지름길이자 하남도, 즉 남쪽에 있는 경상도, 양광도, 전라도로 가는 관문이었다. 그래서 늘 사람과 물건을 나르는 말들로 붐볐는데 그 통에 배에 먼저 오르거나 내리려고 다투다가 사고가 빈번하게 발생하곤 했다. 이 보고를 들은 점부는 안전사고를 방지하기 위해 임진나루와 배를 연결하는 배다리를 설치해서 사람과 말이 안전하게 걸어서 오가도록 했고 이후 배다리는

＜＜＜＜＜＜＜

임진나루는 물론 고려의 자랑스러운 명물이 됐다는 것이다.

김홍도의 아들 김양기가 그린 〈임진서문〉을 보면, 조선시대에도 임진나루는 특별한 역할을 했던 것 같다. 나루 입구에는 오늘날 시멘트로 높이 세운 군부대 방벽이 있는 곳에 거의 같은 높이로 성벽이 둘러쳐져 있고 그 안에 관사로 보이는 건물이 보인다. 당시 임진나루는 한강마포나루 다음가는 2급 나루로서 최소 9척의 배가 상설 배치됐던 곳이다. 그것은 주요 산업도로이자 군사도로였던 의주로 가는 길목에 있기 때문이다. 바로 그 이유 때문에 율곡 이이도 임진나루 근처에 화석정을 세워 선조의 피난길을 도운 것이었다. 김양기의 그림에도 고깃배 같은 것은 보이지 않는다. 사신이나 관료로 보이는 사람들을 태운 배 한 척은 남쪽을 향하고 있다. 이 그림에 따르면 조선시대 임진나루는 정치 외교 군사적 목적으로 나라에서 특별히 관리했던 나루였을 가능성이 매우 높다.

지금은 사람도 배도 자유롭지 못한 임진나루. 화려했던 임진나루의 배다리와 중국으로 오가는 사신들을 태웠던 배를 기억하는 것은, 그때나 지금이나 임진나루을 붉게 물들이는 석양뿐인 것일까.

아쉽게도 스토리텔링이 지나고 길 단장도 끝났건만 마침 북한이 핵무기 이슈가 날로 첨예한 상황으로 치닫는 바람에 길은 일반인들에게 공개되지 않았습니다. 하지만 DMZ길 개방이 늦춰지는 동안에 인근에 있던 옛 미군 주둔지인 캠프 그리브스가 일반인들을 위한 관람코스로 개발되었고 '태양의 후예' 촬영이 있은 뒤, 최고의 핫 플레이스로 떠올랐지요.

DMZ길도 하루빨리 활짝 문이 열리기를 희망합니다. 오래 전 그 곳에서 철책을 지켰을 백발의 초병들을 생각하면, 봄가을은 물론, 한 여름의 뙤약볕 아래 걸어도, 혹은 한 겨울 칼바람을 맞으며 걸어도 좋은 길, 그렇게 걸으며 누군가의 희생에 대해, 그리고 그 덕에 우리가 누리고 있는 평화에 대해 감사하며, 이곳을 걷는 사람들이 늘어나기를 기대하며 기다립니다.

6. 매력적인 '개인 글쓰기'를 위한 12키워드매뉴얼

×
×
×

앞에서 이미 언급했듯이 스토리텔링은 더 이상 작가들의 전유물이 아닙니다. SNS를 통해 유치원생부터 100세가 넘은 노년층에 이르기까지 전 세대가 다양한 자기만의 매력적인 글을 쓰고 이야기를 전합니다.

이런 수많은 이야기들 중에 유독 인기를 끄는 이야기들이 있습니다. 그런 이야기들 역시 정체성이 뚜렷하고, 각계 각층의 특별한 사람들에게 매우 들을 가치가 있으며, 매력적인 전달수단을 갖고 있습니다. 모두가 그런 글쓰기와 스토리텔링을 하고 싶어하지만 생각보다 쉽지 않습니다.

그렇다면 12섹터분석매뉴얼을 활용해보면 어떨까요. 대개 개인이 글을 쓰거나 어떤 대상에 대해서 말을 하고자 할 때는 이미 그 대상을 통해서 전하고 싶은 '메세지'가 있습니다. 12섹터분석매뉴얼에 넣어보면 그것을 쉽게 찾을 수 있습니다.

자서전이나 에세이는 물론 각종 보고서를 쓸 때도 도움이 될 것입니다. 아무리 급해도 미리 시간을 내어 이 툴에 넣어보고 잘 맞지 않는 듯이 보이는 항목조차도 검토를 하다보면 내가 말하고자 하는 소재가 갖고 있는 가능성과 한계를 좀 더 정확하게 파악할 수 있게 됩니다.

틀림없이 당신의 글과 스트리밍은 훨씬 나아질 것입니다. 그런데 치열한 비지니스 시장에서 활동하는 전문가들의 스토리텔링과 개인적인 만족과 행복을 위해서 쓰는 개인의 스토리텔링은 분명히 다른 분야이기 때문에 12섹터매뉴얼의 적용도 조금은 달라져야 합니다. 그런 필요에 의해 탄생한 것이 바로 '12키워드매뉴얼'입니다.

개인이 글을 쓰거나 어떤 대상에 대해서 말을 하고자 할 때는 이미 그 대상을 통해서 전하고 싶은 '메세지'가 있습니다. 12키워드매뉴얼에 넣어보면 그것을 쉽게 찾을 수 있습니다.

그런데 그 키워드를 찾지 않고 막연히 먼저 글을 쓰다 보면 원래 자신이 하고 싶었던 방향으로 나가지 않는 경우가 많습니다. 그것은 그 대상에 대해 내가 알고 있는 불필요한 다른 사실들이 계속 섞이면서 글이 주제를 향해 매끄럽게 나가는 것을 방해하기 때문입니다.

〈tip〉글이 방향을 잃어버리는 이유와 스토리텔링

스토리텔링은 어떤 대상에 관한 이야기를 많이 하는 게 아니라, 사람들이 매력적으로 생각하는 핵심만 전달하는 것이라고 말씀드렸던 것을 기억하시나요? 12키워드매뉴얼은 바로 그 키워드를 찾아내는 작업과 같습니다. 키워드를 찾아서 그것을 중심으로 글을 쓰다 보면 다른 것들을 다 담지 못해도 그 모든 것을 다 담은 것보다 더 매력적이고 더 큰 감동과 울림을 줄 수가 있게 되는데 그것이 바로 스토리텔링의 힘이라는 사실을 기억하세요

그렇다면 자기소개서를 쓰는 데도 이 매뉴얼을 활용할 수 있을지 살펴봅시다. 자기소개서를 쓰는 목적이 무엇인가요? 신변잡기를 쓰는 이유는? 나를 소개하거나 나의 하루를 정리하기 위한 것입니다. 때로 잊지 않기 위해서 쓰는 메모도 있지요. 그런데 시간이 흐른 뒤 내가 쓴 글을 다시 보았을 때, 왜 이렇게 썼는지 모를 때가 종종 있습니다. 감동은 고사하고 기본적인 정보조차 전달이 안 되는 경우가 흔치 않습니다.

이 때에도 12섹터분석매뉴얼을 활용해보면 좋은데요. 제 3의 소재에 관해서 쓰는 것이 아니라 자기 자신을 다른 이들에게 전해야 한다는 점에서 조금은 다른 형식의 툴이 필요하고 이를 위해 정리한 것이 바로 '12키워드매뉴얼'입니다.

정체성	프로필	성장배경	평가자료	현재상태
가치 (강점)	성품	독보적 강점	시의성	수요성
기여 잠재력	캐릭터 파워	관점전환	연결성	지속성

내용이 조금 달라졌지요. 그러나 12섹터분석매뉴얼과 원리는 같습니다. 나의 성장과정과 경험 그리고 현재의 내가 어떤 성품과 강점으로 진출하고자 하는 분야에 기여할 수 있는가를 찾아내는 툴입니다.

앞서 설명한 바대로, 좋은 콘텐츠엔지니어링을 하기 위해서는 하나의 소재를 형성하고 있는 많은 정보 중에서 장소와 때와 대상에 맞는 정보를 선택(샘플링)하는 것이 매우 중요합니다.

그렇다면 우리 자신을 형성하고 있는 정보는 얼마나 될까요.

그리고 그 중에 어떤 정보를 꺼내서 제한된 길이, 혹은 정해진 방식으로 우리 자신을 전해야 할까요. 많은 사람들이 자기소개서 쓰기를 어려워하면서도 그 이유가 샘플링 작업의 어려움이라는 것을 잘 인식하지 못합니다.

자기소개서도 스토리텔링이 필요하다면 당연히 샘플링작업이 선행되어야 합니다. 그런데 정보가 많으면 많을수록 그리고 평소 내가 잘 안다고 생각한 소재나 대상일수록 샘플링 작업에는 많은 혼선과 오류가 생깁니다. 과연 자기소개서를 쓸 때 우리가 선택해야 하는 가장 좋은 샘플(정보)는 무엇일까요. 우리는 자신에 관한 샘플링 작업을 얼마나 잘 해낼 수 있을까요.

바로 이 문제를 해결하는 데 12키워드매뉴얼이 필요합니다.

12키워드매뉴얼로 자신에 관한 정보를 기록해나가다 보면 아주 흥미로운 현상을 발견하게 됩니다. 12개의 섹터 안에서 '몇 개의 공통적인 키워드가 계속 반복'되는 현상인데요, 그것은 '반복되는 공통의 키워드'가 바로 당신이 나타내고 싶은 당신 자신이거나, 당신이 어떤 대상을 통해 말하고 싶은 생각이기 때문입니다.

그런데 많은 사람들이 자기소개서를 쓸 때 스토리텔링을 할 때 흔히 반복하는 시행착오를 하곤 합니다. 나에 관한 보다 많은 정보를 전달하는 것이 좋다고 여기는 것이지요. 하지만 생각해볼까요. 한 기업에서 한 번의 직원 채용 기간에 접수되는 자기소개서의 양은 얼마나 될까요. 그리고 채용담당자가 그 많은 지원자의 자기소개서에 있는 정보들을 얼마나 기억할까요.

그들이 보고 싶어 하는 것은 자기소개서에 나열된 비슷비슷한 수많은 정보가 아닌, 함께 오랜 세월 동료로서 일을 할 '사람'입니다. 즉, 정보의 나열이 아니라 자기소개서의 주인공이 어떤 상황에서 어떤 선택을 할지 예측이 가능한 이야기, 즉 일관성 있고 기승전결이 있는 하나의 이야기일 때 보는 이들에게 내가 누구인지 전달이 된다는 것이지요.

그러므로 12키워드매뉴얼을 통해 나에 관한 많은 정보를 나열하는 자기소개서를 쓰는 데서 벗어나 내가 어떤 사람인지를 말해주는 이야기를 핵심 키워드 하나를 발견하고 그것을 길 삼아 나를 보여주는 자기소개서에 도전해볼 필요가 있습니다.

실전. 사회진출을 앞둔 청년의 자기소개서 쓰기

많은 사람이 자기소개서를 쓰는 것이 취직시험 보는 것보다 더 어렵다고 말합니다. 왜냐하면 정답이 없으니까요. 열심히 써서 제출 했지만 잘 쓴 건지 아닌지 내내 불안하지요.

먼저 우리가 흔히 쓰는 자기소개서를 살펴볼까요. 여기, 저와 친분이 있는 한 청년이 있습니다. 사회진출을 앞둔 이 청년은 일하고 싶은 '꿈의 기업'에 낸다는 전제로 1000자 길이의 자기 소개서를 써보았습니다. 1000자 길이의 자기소개서는 흔히 대학이나 직장에서 요구하는 형식으로 성장과정, 가족, 장단점, 장래 희망 등의 항목이 포함됩니다.

> 허수빈 (26세)
> 1995년생으로 전라남도 순천에서 태어나 대학까지 나왔습니다. 전공은 사회복지학. 사무직에 필요한 기본적인 디자인, 포토샵을 다룰 수 있습니다.
> 농협에 근무하시는 아버지와 전업주부이신 어머니는 나의 든든한 후원자이자 넘치는 사랑을 주신 분들입니다. 아빠 하면 '부지런함'과 '가정적인'이라는 단어가 떠오릅니다. 왜냐

하면 항상 새벽 5시나 6시쯤 일어나서 기도를 하고 그날 하루를 시작 하고 회사를 다니면서 부업으로 꽃나무를 키울 만큼 부지런하십니다. 또한 굉장히 가정적이었는데 내가 초등학생 때부터 고등학생 때까지 아침밥과 등하교를 책임져 주셨습니다. 엄마는 '자상한', '따뜻한', '좋은 친구'라는 단어가 떠오릅니다. 엄마는 나에게 항상 그런 존재입니다. '나는 정말 사랑 받으면서 자랐다'는 게 느껴질 만큼 나를 그렇게 사랑해 주셨습니다. 그리고 항상 많은 대화를 함께 나누었는데 그래서인지 엄마는 세상에 둘도 없는, 서로 비밀도 없는 단짝 친구 같은 존재가 되었습니다. 나도 결혼을 하면 아이들에게 우리 엄마 같은 엄마가 되어 주고 싶습니다.

어렸을 때부터 방송, 콘텐츠 분야에 관심이 있었던 나는 공부를 마치고 나면 CJ나 KBS에서 일하고 싶었습니다. CJ는 바뀌는 시대에 맞게 사람들이 재미있어 하는 방송을 만들 수 있을 것 같고, KBS는 대한민국 대표 방송사이기 때문입니다. 대학 전공과 관련해서 가고 싶었던 기관은 우리나라 국제개발협력의 심장부인 KOICA입니다. 고등학생 때 아프리카에 있는 빈곤한 아이들을 보고 그 아이들을 위해 일하는 사람이 되고 싶어 사회복지학과를 선택했고 학부 1,2학년 때 국제개발협력에 관심 있는 지역사회 대학생들과 공정무역과 관련된 프로젝트를 진행할 만큼 관심 있는 분야이기 때문에 전공을 살린다면 국제개발협력 분야로 가고 싶습니다.

사람들이 말하는 나의 장점이 몇 가지 있는데 첫째, 경청을 잘 한다는 것입니다. 친구들의 이야기를 잘 들어줘서 많은 친구들이 나를 찾습니다. 화끈하다고 칭찬해주는 이들도 있습니다. 실제로 나는 선택과 결정에 있어서 망설이지 않고, 이거다 싶으면 바로 실행합니다. 친구들은 내가 성격이 좋고 솔직하다고 합니다. 내가 생각하는 나의 성격은 사람들과 잘 어울린다는 것입니다. 처음 보는 사람들에게도 잘 다가가고 금방 친해집니다. 또한 나는 낯선 환경에 적응을 잘 할 뿐 아니라 내가 속한 곳의 분위기를 좋게 만들 자신이 있습니다. 주변 사람들을 잘 섬기는 것을 보람 있게 생각하기 때문입니다.

이 자기소개서는 우리가 흔히 쓰는 자기소개서와 크게 다르지 않습니다. 이 소개서를 통해서 보는 이 청년은 얼마나 매력적인가요. 만일 이 자기소개서가 수많은 다른 자기소개서들과 함께 있다면, 경쟁력은 어느 정도나 될까요.

사례자1〉 허수빈/26세

정체성	내용(자기소개서)	키워드	평가	평점
프로필	전라남도 순천 탄생, 성장, 대학까지 졸업. 성격은 매사 적극적이고 긍정적. 웅변대회를 나가 수상을 한 경력이 있음. 전공은 사회복지학.	순천, 사회복지학 적극적, 긍정적	특별한 매력이 없음	3
성장배경	자상하고 사랑이 많은 부모님이 있음.	인자하신 부모님	지극히 평범	2
평가자료	고향 친구를 비롯해 사촌, 지인들 로부터 수집 가능 자료 풍부하다	긍정적 평가	비교적 매력	4
현재상태	연출가로서의 꿈을 이루기 위해 서울로 진출, 관련분야에서 파트타임으로 일하고 있다.	꿈을 위해 상경	다소 무모해보이나 도전적 자세	4
가치	**내용(자기소개서)**			**평점**
성품	말과 행동이 다른 사람들에게 신뢰를 받는 편임.	신뢰받는 형	가장 좋은 점?	5
강점	없음	없음		1
시의성	미디어나 국제개발협력 분야에서 일하고 싶다	미디어 국제개발협력 분야	희망은 있으나 능력을 확인할 수 없음	3
수요성	사회복지학 전공	국제개발협력 분야	사회복지학전공만으로는 이분야에서 매력을 느낄 수 없음	2
전달력	**내용(자기소개서)**			**평점**

캐릭터 파워	예상되는 매력적인 캐릭터가 없음	없음	없음	1
관점전환	요인 없음	요인 없음	대학전공, 희망기업 외 다른 '창'으로 관찰 가능한 요인 발견할 수 없음	2
연결성	사회복지학은 전공 미디어는 그냥 막연한 관심	요인없음	가고 싶은 회사나 진출하고 싶은 영역과 의 연결성 낮거나 아예 없음.	2
지속성	예측불가능	없음	현재의 희망사항이 지속적일 것인가? 변동가능성 높은	2

여기에서 발견되는 키워드를 모아보았습니다.

'순천, 사회복지학, 인자하신 부모님, 적극적, 도전적, 꿈을 위해 상경, 주변에서 좋은 평가를 받는다. 미디어와 국제개발협력분야로 진출 희망'

여기에서 매력적으로 다가오는 키워드는 몇 개나 될까요? 결정적으로 허수빈씨 자신을 말해줄 키워드보다 주변에 대해 이야기하는 키워드가 더 많습니다. 이런 자기소개서로는 누군가의 주목을 받을 가능성이 매우 낮습니다. 평이한 전개와 틀에 박힌 형식으로 '차별성도 없고 별로 흥미롭지 않은 사실들'만 나열하고 있기 때문입니다.

하지만, 제가 아는 이 청년은 비교적 평범해 보이는 '사실'의 집합체가 아니라 상당히 많은 장점과 매력을 가진 사람입니다. 그러니까 '사람'이 매력적이지 않은 게 아니라 이 자기소개서가 사람을 제대로 전달하지 못하고 있는 것입니다. 그것은 자신의 정체성에 대해서도 기본 사실을 전하는 데 그쳤을 뿐더러 자신의 가치에 대해서도 깊이 생각해본 적이 없기 때문입니다. 그래서 많은 사람들이 이런 식의 자기소개서를 씁니다.

그렇다면 이 청년의 자기소개서가 놓치고 있는 이 청년에 관한 매력적인 키워드를 찾아볼까요.

사례자1〉 허수빈/26세

정체성	내용(자기소개서)	평점	분석(놓친 사실들-전달소재) & 키워드	평점
프로필	전남 순천에서 태어나고 성장하여 대학까지 졸업. 매사 적극적이고 긍정적. 웅변대회 수상 경력. 전공 사회복지학.	3	음식 맛이 좋기로 소문난 순천에서 성장하여 미각이 남다른 편. '맛'에 대해서 일가견이 있음. 나서는 성격은 아니나 기회가 있을 때는 대담하게 도전하는 성격. 대학에 가기 위해 사회복지학을 전공한 것이 아니라 사람들을 돕고 싶어 전공함.	6

성장배경	자상하고 사랑이 많은 부모님이 있음.	2	부모님 외에 남동생이 있다. 동생에게 다소 엄격하면서도 따뜻한 엄마 같은 누나다. 부모님에게는 책임감이 강한 맏딸 부모님이 친척들과 우애가 깊어 어렸을 때부터 많은 어른과 사촌들 사이에서 좋은 관계를 이루며 자랐다. 이런 성격이 대외적인 관계에서 나타나서 사람들을 잘 돌보고 섬기며 잘 어울리는 편이다.	7
평가자료	고향 친구를 비롯 해 사촌, 지인들 로 부터 수집 가능 자 료 풍부하다	3	주변 사람들로부터 사례자의 좋은 태도와 성실성에 긍정적인 평가와 인정을 많이 받았다.	4
현재상태	연출가의 꿈을 위해 서울로 진출, 관련분야에서 파트 타임으로 일하고 있다.	4	진취적이고 적극적이며 목표를 향해 성실히 노력하는 이미지를 갖고 있다.	5
가치	**내용(자기소개서)**	**평점**	**분석(놓친 사실들-전달소재) & 키워드**	**평점**
성품	말과 행동이 다른 사람들에게 신뢰를 받는 편임.	5	당장은 조금 손해를 보고 피곤하더라도 모두의 유익을 위해 '누군가가 해야 할 일'은 해버리는 솔선수범형.	5
강점	다른 사람과 완전 히 차별화되거나 독보적인 재능을 갖고 있지는 않음.	1	이 사람의 가장 큰 장점은 어떤 상황에 서도 매우 긍정적이라는 점 가녀린 외모 와는 달리 끈기가 있고 쉽게 지치줄 모 르는 에너자이저형	6
시의성	지금 이 청년이 미디어나 국제개발 협력분야에서 필요 한가?	3	안정된 직장에 안주하기 보다는 자신이 의미 있다고 생각되는 분야를 향해 치열 한 경쟁을 감수하며 인내하며 목표를 향 해 가는 의지가 보는 이들에게 상당한 매력으로 다가갈 수 있다.	6

수요성	미디어나, 국제개발협력분야에서 이 청년을 원할 가능성은 예측하기 어려움	2	방송 미디어 분야의 확장과 다양화추세가 가속화되고 있어 정규교육기관 외에도 필요인력을 키우기 위한 교육프로그램이 늘고 있음. 전공을 하지 않아도 기회의 폭이 늘고 있음. 또한 어떤 분야든 젊고 화합력이 좋으며 성실하며 책임감이 있는 사람을 필요로 함.	3
전달력	**내용(자기소개서)**	**평점**	**분석(놓친 사실들−전달소재) & 키워드**	**평점**
캐릭터 파워	기술된 내용만으로는 매력적인 캐릭터성이 없음	1	존경하는 롤모델을 캐릭터 삼아 자신을 전달한다. 1. 여린 외모에 비해 강인하고 적극적이며 탁월한 화합능력을 가진 여성리더의 예를 찾는다−나이팅게일, 김연아, 메르켈 독일총리, 명성황후 등. 2. 안정된 삶보다는 꿈을 이루기 위해 고생을 감수하 며 차곡차곡 커리어를 만들어가는 용기와 대담한 도전정신을 가진 캐릭터, 예를 들면 만화주인공 캔디 혹은 쿵푸팬더를 활용한 이미지 메이킹	6
관점전환	대학전공, 희망기업 등이 아닌 다른 '창'으로 이 청년을 바라보게 할 요인이 있는가?	2	대학이나 사회에서 배운 지식이 아닌, 성장하면서 자연스럽게 형성된 남다른 미각이 있음. 음식 맛에 대해서는 일가견이 있으며 다른 주제에 대해서는 과묵한 편이나 음식에 대한 이야기도 아주 실감나게 잘하는 편. 음식 프로그램이나 요식업, 음식사업 매니저로서의 상대적 장점이 있다.	6
연결성	가고 싶은 회사나 진출하고 싶은 영역과의 연결성 낮거나 아예 없음.		지방 출신에 명문대 졸업장이 아닌 좋은 태도와 성품으로 대기업에 입사한 사례가 되어, 열린 기업, 젊은 기업의 이미지를 전하는 홍보대사와 같은 인물로 연결해봄 직하다.	

지속성	지금 현재 이 청년이 갖고 있는 생각은 변함없을 것인가? 아직 어려서 시간이 경과함에 따라 변할 수 있음	2	혼자 빨리 가는 개인주의적 유형이 아니 함께 멀리 가는 선택을 하는 화합형. 처음에 누군가의 눈에 화악 띄는 타입이 아니나, 함께 하는 시간이 길면 길수록, 좋은 평가를 받는 '숨은 보석'형으로 이미지제고 가능하다.	7

비교를 하기 쉽도록 원래의 자기소개서와 분석결과를 함께 표시해보았는데요. 찾아낸 키워드는 대략 다음과 같이 정리할 수 있습니다.

- 남다른 미각. 음식에 대해 일가견이 있다.

- 사람을 돕고 싶어한다.

- 책임감이 강하다.

- 원만한 관계, 섬기고 돌보며 어울리기를 좋아한다.

- 긍정적인 평가와 인정을 많이 받는다.

- 진취적, 적극적, 도전정신이 강하며, 성실한 노력형

- 솔선수범형, 에너자이저 형

- 안정된 삶보다는 의미 있다고 여기는 분야를 선택할 줄 아는 의지형

- 홀로 빨리 가는 개인주의가 아닌 함께 멀리 가는 화합형

- 처음에는 부족해도 나중에는 진가를 발휘하는 '숨은 보석형'

보다시피, 이 청년의 처음 자기 소개서는 정작 이야기해야 할 좋은 이야기 소재들이 많이 누락되어 있었던 것을 알 수 있습니다. 그리고 또한 앞에서 이야기한 것처럼 이 청년을 나타내는 단어들에는 일정한 공통점이 있고 유사한 단어들이 반복되고 있습니다.

중요한 점은 실제로 이 청년은 이 단어들과 아주 잘 어울리는 사람이라는 사실입니다.

이 청년은 태어나고 자란 지역의 장점인 음식에 관해 남다른 경험과 감각이 있습니다. 게다가 탁월한 화합능력과 남다른 끈기와 도전정신을 가진 젊은 여성으로, 남을 돕고자 하는 희생정신과 미디어를 향한 열정을 가진 아주 매력적인 사람입니다.

이 청년은 자기 소개서에서 CJ, KBS, 국제협력단을 '일하고 싶은 직장'으로 꼽았습니다. 처음 쓴 자기소개서를 봤을 때는 위의 직장에서 이 청년을 채용할지 좀 걱정스러웠지만, 분석결과를 살펴보면 어떤 기업에서도 탐낼 만한 자격을 갖춘 사람임을 알 수 있습니다.

즉, 자기 소개서에 써야 할 이야기들은 바로 표의 오른쪽에 있는 내용들입니다. 누구나에게 있는 가족이야기, 태어난 도시 이름이며 다닌 학교 이야기는 변별력이 전혀 없는 '사실들'의 나열일 뿐, '사람'의 성품이나 가치관을 전달할 수 있는 핵심 키워드가 될 수 없습니다.

그렇다면 이제 남은 일은 〈12키워드매뉴얼〉을 통해 알게 된 자신의 강점을 바탕으로 자기소개서를 다시 쓰는 것입니다. 대략 다음과 같은 내용의 자기소개서가 될 것입니다.

허수빈 (26세)

1995년 전라남도 순천에서 태어난 저는 사랑을 말없이 행동으로 표현하시는 아버지와 어머니, 그리고 어른이 되어서도 여전히 제게는 '개구장이'처럼 보이는 남동생이 있는 가정에서 자랐습니다. 부모님은 특별히 저를 맏딸로 존중해주셨고 친척 어르신들이 오셨을 때에도 언제나 아버지와 함께 손님을 맞이하게 하셨습니다. 그런 과정을 통해 저는 어렸을 때부터 누군가로부터 사랑과 인정을 받는 것이 얼마나 행복하고 사람을 당당하게 만드는지 알게 되었습니다. 또한 친 형제자매는 물론 일가친척이나 가까운 이웃과 삶을 나누며 살아가는 지혜를 몸소 삶으로 보여주신 부모님을 보면서 저 역시도 남동생은 물론 친구들을 늘 존중해주고 응원하며 큰 가족이 되어 사는 것을 가장 중요하게 생각하며 살아가고 있습니다.

우연히 TV에서 아프리카 등 오지에서 어려운 처지에 있는 아이들과 생사고락을 같이 하는 자원봉사자들을 본 것이 사회복지학을 공부하게 된 결정적인 계기가 되었습니다. 공부를 마치면 단순한 자원봉사자가 되는 데서 더 나아가 우리나라 국제개발협력의 심장부인 KOICA에 들어가 국제협력분야의 전문가로 활동하고 싶다는 꿈을 갖게 되었습니다.

한편, SNS세대인 저에게 방송에 관한 관심은 자연스러운 결과였습니다. 그리고 언제부턴가 대학을 졸업하면 특별히 '미각'에 남다른 감각이 있는 제 장점을 살려 '식사와 가족'에 관한 유쾌하고 사람들을 행복하게 하는' 프로젝트를 하고 싶다는 생각을 하게 되었습니다. 만일 방송프로그램을 만들게 된다면 CJ나 KBS에서 일하고 싶다는 생각을 하기 시작했습니다. CJ는 바뀌는 시대에 맞게 사람들이 재미있어 하는 방송을 만들 수 있을 것 같고, KBS는 공영성이 높은 대한민국 대표 방송사라는 점이 매력적이었습니다.

감사하게도 저에게는 격려와 응원을 아끼지 않는 참 좋은 친구들이 많습니다. 친구들은 제가 경청을 잘 하고 행동은 빠른 좋은 점을 갖고 있다고 격려해줍니다. 제가 생각하는 저의 장점이라면, 낯선 환경에 적응을 잘 할 뿐 아니라 내가 속한 곳의 분위기를 좋게 만들기 노력한다는 것입니다. 주변 사람들을 잘 섬기는 것을 보람 있게 생각하기 때문입니다.

저는 혼자 빨리 가는 것보다는 조금 늦더라도 함께 가는 것이 좋습니다. 그것이 얼마나 행복한지 부모님의 삶을 통해 배웠고 남동생을 비롯한 친구, 동료들을 진심으로 섬기면서 경험으로 더욱 확신하게 되었습니다. 직위가 높아지고 유명해지는 것보다 누군가에게 '평생을 함께 하고 싶은 삶의 친구'가 될 수 있다면, 성공한 인생이 아닐까 생각합니다.

아직은 제가 어떤 분야에 더 잘 맞는지 알 수 없습니다. 그래서 직접 부딪혀가며 그 길을 찾기 위해 대학을 졸업하자 고향 인근에서 안정된 직장을 찾는 대신 서울로 올라왔습니다. 생활을 위해 아르바이트를 하는 틈틈이 대외원조사업가

(aid-worker)나 미디어 분야에서 활동하는 데 필요한 지식과 경험을 쌓으며 기회가 오기를 기다리고 있습니다. 이제 사회 진출이라는 출발선에선 저는 분명 여러 가지 면에서 부족한 것이 많습니다. 하지만, 분명한 것은 '스펙'이나 '학력'이 아닌 열정과 성실성 그리고 삶을 통해 얻은 지혜를 가진 청년이 꿈을 펼칠 수 있는 기회를 주신 조직과 팀에 도움이 될 자신이 있다는 것입니다.

자기소개서가 많이 달라졌지요. 같은 사실을 담고 있지만 이제는 처음에 쓴 자기소개서보다는 '사람'이 더 잘 보일 뿐 아니라 상당히 매력적인 사람이라는 공감을 얻을 수도 있는 자기소개서가 되었습니다.

자기소개서를 위한 키워드 찾기

그런데 12키워드매뉴얼과 관련해서 가장 많이 듣는 질문이 있습니다.

'키워드를 어떻게 찾나요?'

아주 중요한 질문입니다. 그런데 의외로 매우 간단합니다. 아래 문장을 살펴볼까요.

> '한국 역사상 가장 위대한 군주인 세종대왕은 한국인이 가장 존경하는 리더입니다'

> '한국인에게 가장 존경받는 리더인 세종대왕은 역사상 가장 위대한 군주입니다.

세종대왕에 대해서 말하고 있는 이 두개의 문장은 같은 내용으로 구성되어 있지만 키워드가 다르다고 할 수 있는데요, 첫 번째 문장의 키워드는 '세종대왕은 한국인이 가장 존경하는 리더'입니다. 두 번째 문장의 키워드는 '세종대왕은 역사상 가장 위대한 군주'입니다. 즉, 첫 번째 문장은 한국인이 가장 존경하는 리더가 세종대왕이라는 것을 말할 목적으로 쓴 문장이고, 두 번째 문장은 세종대왕이 역사상 가장 위대한 군주라는 점을 말하기 위해 쓴 것입니다. 즉, 사람들에게 전해지는 정보가 달라진 다는 뜻이지요.

이번에는 허수빈씨의 자기소개서 두개를 비교해볼까요.

농협에 근무하시는 아버지와 전업주부이신 어머니는 나의 든든한 후원자이자 넘치는 사랑을 주신 분들입니다. 아빠 하면 '부지런함'과 '가정적인'이라는 단어가 떠오릅니다. 왜냐하면 항상 새벽 5시나 6시쯤 일어나서 기도를 하고 그날 하루를 시작 하고 회사를 다니면서 부업으로 꽃나무를 키울 만큼 부지런하십니다. 또한 굉장히 가정적이었는데 내가 초등학생 때부터 고등학생 때까지 아침밥과 등하교를 책임져 주셨습니다. 엄마는 '자상한', '따뜻한', '좋은 친구'라는 단어가 떠오릅니다. 엄마는 나에게 항상 그런 존재입니다. '나는 정말 사랑 받으면서 자랐다'는 게 느껴질 만큼 나를 그렇게 사랑해 주셨습니다. 그리고 항상 많은 대화를 함께 나누었는데 그래서인지 엄마는 세상에 둘도 없는, 서로 비밀도 없는 단짝 친구 같은 존재가 되었습니다. 나도 결혼을 하면 아이들에게 우리 엄마 같은 엄마가 되어 주고 싶습니다.

1995년 전라남도 순천에서 태어난 저는 사랑을 말없이 행동으로 표현하시는 아버지와 어머니, 그리고 어른이 되어서도 여전히 제게는 '개구쟁이'처럼 보이는 남동생이 있는 가정에서 자랐습니다. 부모님은 특별히 저를 맏딸로 존중해주셨고 친척 어르신들이 오셨을 때에도 언제나 아버지와 함께 손님을 맞이하게 하셨습니다. 그런 과정을 통해 저는 어렸을 때부터 누군가로부터 사랑과 인정을 받는 것이 얼마나 행복하고 사람을 당당하게 만드는지 알게 되었습니다. 또한 친 형제자매는 물론 일가친척이나 가까운 이웃과 삶을 나누며 살아가는 지혜를 몸소 삶으로 보여주신 부모님을 보면서 저 역시도 남동생은 물론 친구들을 늘 존중해주고 응원하며 큰 가족이 되어 사는 것을 가장 중요하게 생각하며 살아가고 있습니다.

첫 번째 자기소개서의 약 1/4에 해당하는 위의 내용은 허수빈씨가 아닌 '부모님소개서'라고 해야 맞습니다. 저 글에 허수빈씨는 전혀 보이지 않습니다. 이에 반해 아래의 자기소개서는 위의 소개서에 등장하는 부모님을 통해 허수빈씨가 어떤 사람이 되었는지를 말해주고 있습니다. '자신을 전달해야 하는 목적'에 맞는 자기소개서가 된 것입니다.

이처럼 우리는 같은 내용을 가지고 전혀 다른 키워드를 전달하는 경우가 많습니다. 그러므로 내가 쓰고 있는 글의 키워드가 정확하게 내가 전달하고자 하는 '주제'를 말하고 있는지 주의 깊에 살펴보아야 합니다.

글을 쓸 때 키워드를 찾기 전까지는 시작하지 않는 습관이 필요합니다. 정확한 키워드를 모른 채 쓴 글은 다른 이들의 공감을 이끌어내는 데 한계가 있습니다. 결국 허무하게 나 혼자 떠들어대는 독백에 그치게 될 가능성이 높습니다. 좋은 글을 쓰고 싶다면 12키워드매뉴얼을 활용해서 키워드를 먼저 잡아내고 그 키워드를 바탕으로 글을 시작해야 글에 힘이 생기고, 공감을 일으키며 감동을 전할 수 있습니다. 굼벵이처럼 멀리 돌아가는 '소통법' 같지만 사실은 가 장 빠른 지름길입니다.

요구하는 인재상에 맞는 자기 소개서 쓰기

'각 기업마다 원하는 인재상이 있는데 그런 요구조건에 잘 맞추어 쓰려면 어떻게 해야 하나요?'

가끔 이런 질문을 받곤 합니다. 취업을 위해 자기소개서를 쓰는 사람들이라면 한번쯤 해본 질문일 것입니다. 그런데 이 질문에 대한 저의 답은 '그다지 신경 쓸 필요가 없다'는 것입니다.

실제로 괜찮은 기업일수록, 그리고 대기업일수록 지원자가 얼마나 내 회사의 필요에 맞는가를 보기 보다는 얼마나 매력적이고 좋은 사람인가를 중요시하기 때문입니다. 직종에 맞는 사람은 얼마든지 교육을 통해 만들어낼 수 있지만 좋은 사람을 키워내는 것은 불가능하기 때문입니다. 당장은 여러 가지 지원자격에 좀 부족한 면이 있다 하더라도 지원자가 기본적으로 갖고 있는 품성과 가치관이 훌륭하다면 그 사람을 선택합니다. 그것이 조직을 성장시키는 데 더 중요하다고 여기기 때문입니다.

그러므로 지나치게 기업의 특성이나 대외적으로 알려진 '선호하는 인재상'의 조건에 맞추어 자기소개서를 쓰다 보면, 진정성이 떨어지고 공감도 얻기 어렵습니다. 그러므로 자기 소개서는 대입용이건 취업용이건, 어떤 용도이건, '내가 어떤 것을 할 수 있고 얼마나 많은 자격증을 갖고 있는가'를 말하기보다 내가 어떤 사람이며 어떤 생각과 태도로 살아가려고 하는가를 말하는 데 초점을 맞추어야 합니다.

저의 지인이 대학 졸업을 앞두고 한 잡지사의 기자 모집에 지원을 한 적이 있습니다. 당시 원고지 10매 내외의 자기소개서를 써서 제출해야 했는데 아무리 길게 쓰려고 해도 10매를 채우기가 어려워 겨우 5매를 써서 서류를 제출했다고 합니다.

그런데 뜻밖에도 저의 지인은 서류 심사를 통과하고 2차 면접 시험에 오라는 통지를 받았습니다. 더욱 재미있었던 일은 면접에서 '글을 상당히 잘 쓴다'는 평가를 받았다는 사실입니다.

물론 그냥 넘어가진 못했습니다. 깐깐해 보이는 한 면접관이 '왜 10매를 쓰라고 했는데 5매만 썼느냐'고 추궁하며, '나중에 4페이지짜리 기사를 쓰라고 하면 쓸 게 없다며 두 페이지만 쓸 거냐'고 물었다고 합니다. 그 질문에 나름대로 자신의 기준을 설명하며 대답을 하긴 했지만 경쟁률 20:1도 넘는 2차 시험을 통과하기는 어렵겠다고 생각했습니다. 그런데 결국 제 지인은 최종합격자 명단에 들어 기자가 되었습니다. 나중에 들으니 그 깐깐한 면접관이 '합격' 도장을 찍어주며 '돈 되는 달달한 기사는 못 써도 빈 말은 안 쓸 사람'이라고 했다고 합니다.

아래는 당시 저의 지인이 썼던 자기소개서의 일부입니다.

'다소 내성적인 성격 탓에 중요한 이야기일수록 말이 아닌 글로 전달하는 습관이 생긴 것 같다. 그리고 글로 기록된 나의 마음이 말로 전해진 것보다 훨씬 더 영향력이 있고 주변의 공감을 사는 편이다. 어쩌면 친한 친구들이 말하는 것처럼 '글 쓰는 재능'을 타고 난 것인지도 모른다.

하지만 그것은 대부분 나와 관련된 사람들 사이에서 주고받는 개인적인 글이다. 나의 글이 공적인 지면에 공개되었을 때, 다른 사람들의 신뢰를 얻거나 다른 사람들에게 희망을 주거나 할 수 있을까, 거기에 대해서는 자신이 없다. 단지 글로서는 거짓말을, 빈 말을 하는 적이 좀 적다는 사실에 다소 위안을 얻을 뿐이다….

얼핏 보면 지루하기 짝이 없는 문장으로 시작된 자기소개서입니다. 그런데 이 자기소개서가 당시 그 잡지사에 지원한 다른 사람들이 제출한 자기소개서와는 다르게 보였던 것입니다.

지금 스토리텔링을 하는 전문가로서 이 자기소개서를 냉정하게 평가하자만, 적어도 나에 관한 '사실'이 아닌 '나'를 보여주는 자기소개서였음에는 분명합니다. 그래서 반쪽자리 자기소개서를 쓰고도 저의 지인은 사람들에게 '제가 어떤 사람인지'를 전달하고 직업까지 얻게 되었을 것입니다.

나에 관한 단순한 사실을 나열하는 자기소개서가 아닌, 내가 어떤

사람인지를 전하는 자기소개서를 써야 합니다.

이 외에도 삶과 가족, 매일의 삶에서 내가 겪고 보는 일들, 만나는 사람들에 관한 다양한 주제를 담은 이야기를 쓸 수 있습니다. 중요한 것은 그 이야기를 쓸 때 이미 나에게는 그 이야기를 쓰게 된 계기가 있다는 사실입니다. '이 사람, 참 매력적이야' 라는 것을 말하기 위해, '그 정원은 꼭 어릴 적 우리 집 앞마당 같았어' 라든가, '오늘은 참 힘들었다'라고 쓰기 위해서 쓰는 것입니다

나의 글이나 방송이 내가 원하는 그 말을 하도록 만들기 위해서, 그리고 오랜 시간이 지난 뒤 내가 다시 읽을 때 혹은 내가 한 짧은 유튜브 방송이나 인스타그램을 다른 누군가가 보았을 때 내가 전하고 싶었던 그 말을 들을 수 있도록, 내 이야기의 소재를 12키워드매뉴얼에 넣어 거기에서 발견되는 키워드들이 내가 말하고자 하는 '주제'와 잘 어울리는지 점검해보기를 권합니다.

그렇게 하는 것이 가장 빠르고 가장 정확하게 내가 하고자 하는 말을 전해줄 것이기 때문입니다.

7. 좋은 스토리텔링을 위한 몇가지 습관

✕
✕
✕

몇 년 동안 다양한 계층의 사람들을 대상으로 스토리텔링 아카데미를 진행한 적이 있습니다. 그 때 거의 다루지 않는 분야가 바로 창의성입니다. 스토리텔링에 있어 가장 중요한 능력 중의 하나가 창의성이라는 사실을 모르는 바는 아니나 창의성은 사람마다 타고 나는 것이고, 또한 정도의 차이는 있겠으나 사람은 스스로가 알고 있는 것보다 훨씬 더 뛰어난 창의성을 갖고 태어난다고 믿기 때문입니다. 실제로 사람은 자신이 가진 뇌의 능력의 5%도 쓰지 않고 죽는다는 전문가들의 분석도 있습니다.

그래서 그간 진행한 스토리텔링 아카데미의 대부분은 좋은 콘텐츠 엔지니어가 되는 데에 필요한 사항들을 점검하고 훈련하는 데에 집중했습니다. 왜냐면 잘 훈련된 콘텐츠 엔지니어링 능력은 타고난 창의성을 발휘하게 하는 뇌관과도 같기 때문이지요. 경기에서 우승하기를 원하는 감독이 자신이 원하는 전략을 구사하기 위해서 그 전략을 수행해줄 수 있는 좋은 선수를 뽑는 능력이 전제되어야 하는 것과 마찬가지입니다.

그러므로 자신이 수행한 스토리텔링의 결과물이 예상한 만큼의 효과가 나타나지 않을 때에는 자신의 타고난 창의성을 의심하기보다는 콘텐츠 엔지니어로서의 훈련이 충분히 잘 되어 있는가를 먼저 점검할 필요가 있습니다. 대부분의 문제들은 바로 거기에 있으니 말입니다.

그렇다면 좋은 콘텐츠 엔지니어가 되기 위해서는 어떤 노력이 필요할까요. 30년 가까이 콘텐츠 제작자로서 활동하면서 자연스럽게 제게 생겨난 몇 가지 습관들을 중심으로 이야기를 해볼까 합니다.

95%는 듣고 5%는 쓰는 사람, 그가 작가다

'지금까지 살면서 들은 이야기 중 쓸 만한 내용을 책으로 엮는다면 몇 권이나 될까.' 언젠가 이런 생각을 해본 적이 있습니다. 만일 지금이라도 제 머릿속에 있는 꽤 쓸 만한 지식들을 꺼내어 책으로 엮을 수만 있다면 못 되도 천 권은 훌쩍 넘을 것입니다. 그만큼 많은 이야기를 들어왔습니다.

 세상은 작가를 '쓰는 사람'이라고 말하지만, 사실 작가는 '듣는 사람'입니다. 잘 들어야 정확히 쓸 수 있고 충분히 들어야 알차게 쓸 수가 있습니다. 그래서 기본적으로는 작가에게 있어 가장 중요한 일은 듣는 일입니다. 그런데 이 듣는 작업이 만만치가 않습니다.

 작가 초년생 시절, 저를 가장 괴롭힌 일은 인터뷰였습니다. 취재를 하러 가는 날이면 저는 파김치가 되어 돌아오곤 했습니다. 만난 사람 중에 던진 질문에 적합한 답을 하는 사람은 1%도 되지 않습니다. 그 사람들의 대부분은 마치 몇 년 동안 사람을 만나지 못한 듯, 어떤 질문을 해도 자기가 하고 싶은 이야기를 향해 쏜살같이 달려가곤 했습니다. '한 사람이 온다는 것은 하나의 우주가 오는 것'이라고 했던 어느 시인의 말처럼, 몇 개의 질문을 던졌다가 최소 4,50년이 넘는 한 사람의 인생 스토리 전체를 짊어지고 돌아온 적이 한 두 번이 아니었습니다.

 하지만 그도 그럴 것이, 세상에는 자신의 이야기를 하고 싶어 하는 사람들이 너무도 많은 반면, 누군가의 이야기를 차분히 들어주는 사람은 그리 흔하지 않습니다. 그래서 듣는 사람은 마지 못해 이야기를 듣는데 정작 질문과는 전혀 상관없는 '삼천포' 이야기를 실컷 한 사람들은 자신의 이야기를 들어준 사람을 오래 사귄 친구처럼 여기곤 합니다. 그래서 이야기를 하는 사람과 듣는 사람 사이에는 상상 이상의 끈끈한 유대관계가 형성됩니다.

그래서 저는 본의 아니게 직업상 만난 수많은 사람들과 특별한 인연을 맺게 되었습니다. 그 뿐 아니다. 언제부턴가 한 번도 정식으로 다뤄본 적이 없는 주제에 관해서 너무도 쉽게 이야기를 완성해내는 경험을 하게 됐습니다. 아무리 생각해도 언제 어떻게 이 낯선 분야에 대해 알게 된 것인지 알 수가 없어서 궁금했는데, 우연히 펼친 오래된 취재 수첩 속에서 관련 메모를 발견하게 되었습니다. 그것은 언젠가 마지못해 들어주었던 누군가의 깨알 같은 '삼천포'이야기의 파편이었고, 그때부터 제 기억이 되어 중요한 스토리텔링을 완성시킨 윤활유 역할을 한 것입니다.

시간이 흐르면서 저는 던져진 질문과는 상관없이 자신의 이야기 세계로 빠져 들어가는 사람들 앞에서도 당황하지 않게 되었습니다. 어떨 때는 그들이 가고 싶어 하는 세계로 함께 들어가

신나게 같이 여행을 다녀오곤 합니다. 저에게 자신의 이야기를 숨김없이 터놓는 이들에게 감사하고 제가 그런 자리에 있을 수 있다는 것만으로도 행복합니다.

듣는 것은 콘텐츠 엔지니어의 숙명이자 축복입니다. 그러니 할 수 있는 한 많이 인내심을 가지고 경청하십시오. 당장은 도움이 되지 않는 낯선 이야기들이 언젠가 나를 좋은 콘텐츠 개발자로 성장시켜 줍니다. 들은 만큼 생각이 풍성해지고 자유로워집니다. 그 자유로운 사유가 타고난 창의력이라는 프리즘을 통과하면서 세상을 바꾸는 이야기를 낳는 것입니다.

다시 말하지만 좋은 작가, 좋은 콘텐츠 엔지니어는 자신의 입을 열기 전에, 무엇인가 쓰기 전에, 충분히, 풍성하게 듣는 사람입니다.

문화의 장벽을 넘나드는 크로스컬처리스트가 되라

크로스컬처리스트Cross Culturiest라는 단어를 처음 접한 것은 2009년 무렵 입니다. 역사를 이끌어온 위대한 영웅은 예외없이 위대한 크로스컬처리스트였다는 사실을 저는 그 때 처음 깨닫게 알게 됐습니다.

크로스 컬처리스트란 말 그대로, 다양한 문화를 경험한 사람을 말합니다. 문화와 문화의 경계를 넘나들며 사는 사람들이지요. 단순히 다른 민족, 다른 나라의 문화를 경험한 것을 말하는 게 아니라 부요함과 가난함, 평화와 전쟁, 사회적 갈등과 이민, 개인적으로는 머리 염색에서 타투까지, 인류 사회에 존재하는 다양한 계층의 문화를 경험하는 것도 포함될 수 있습니다. 이런 사람들을 사회학적으로는 컬처 노마드Culture Nomad:문화유목민라고 부르기도 합니다.

실제로 다양한 문화적 경험이 있는 사람은, 보통 사람들보다 훨씬 쉽게 대상물의 문화적 씨앗Culture Seed를 찾아내는 능력이 있습니다. 이것은 유명한 작가들일수록 굴곡진 삶을 살았다는 사실을 통해서도 알 수 있습니다. 그 고통의 터널을 지나게 해준 사유와 인내가 작품의 완성도를 높입니다.

하지만 이들조차도 자신의 문화적 경험에만 의존하는 데엔 한계가 있습니다. 그래서 작가 초년 시절부터 끊임없이 다양한 문화를 체험하기 위해 노력했습니다.

그 중 가장 오래된 방법은 독서입니다. 위대한 작가들은 예외 없이 엄청난 독서가였습니다. 그 다음은 문화 예술을 통한 간접 경험입니다. 영화, 음악공연, 미술 전시 등을 통해 시공을 초월한 다양한 문화를 접할 수 있기 때문입니다.

그러나 작가들을 성장시킨 최고의 마스터는 길 위에 있습니다. 여행만큼 짧은 시간에 강렬한 힘으로 사람을 변화시키고 성장시키는 것이 또 있을까요. 일상이라는 익숙한 문화권에서의 탈출과 동시에 예측 불가능한 낯선 문화권과의 만남이 동시에 일어나기 때문에 그 영향력은 다른 어떤 문화행위보다도 강력합니다.

그래서 위대한 작가일수록 주기적으로 세상을 방랑하면서 무뎌진 자신의 감성을 다듬고, 고리타분한 과거의 지식들로 가득한 자신이 이성을 낯선 문화라는 신선한 향기로 채웠습니다. 그렇게 자신의 책상 앞에서가 아니라 길 위에서, 역사에 그들의 이름을 남긴, 최고의 작품을 탄생시켰지요.

더구나 다가오는 미래는 '먼저 보는 자가 모든 것을 가져가는' 치열한 '선점의 전쟁'이 예견되고 있습니다. 그 시대를 사는 콘텐츠 엔지니어가 되려면 누구보다 문화 유연성이 뛰어나야만 합니다. 그러므로 좋은 작가가 되고 싶다면, 언제든 주저 없이 다른 문화로의 여행을 시작해야 합니다.

저 역시도 일본과 중국을 비롯한 아시아 국가에서 약 10년 이상을, 미국에서 2년 이상 살았고 지난 20년간 남미를 제외한 대류을 직접 다녔습니다. 가족과 같이 가는 경우를 제외하고는 작가가 꼭 가지 않아도 되는 경우도 많았습니다. 하지만 기회만 주어진다면 개인적으로 비용을 부담해서라도 다양한 문화를 보고 경험했습니다.

그것이 글로벌 시대에도 위축되지 않고, 하루가 다르게 변하는 IT기술과 다양한 언어와 문화권 사람들과 교류하며 폭넓고 가용 범위가 넓은 콘텐츠를 기획하고 개발 수 있게 해주었습니다.

익숙한 환경으로부터 자주 탈출하십시오. 낯선 환경에는 되도록 자주 뛰어 드십시오. 그 도전이 당신을 시대를 앞서가는 통찰력 있는 콘텐츠 전문가로 만들어줄 것입니다.

나만의 콘텐츠 창고를 만들어라

프로젝트마다, 성공률이 높은 사람들이 있습니다. 이른 바 한 분야의 대가들입니다. 만드는 예능프로그램마다 성공하는 모 피디나 발표하는 제품마다 대박을 치는 재벌 기업의 기획팀, 출연만 하면 천만 관객을 동원한다는 톱스타들의 공통점은 실제로 일을 시작했을 때, 많은 노력을 들이지 않고도 완성도 높은 아웃풋을 낸다는 점입니다.

현장에 가면 시계 270도의 잠자리 눈을 가진 듯 남들이 보지 못하는 것을 보는 수사관, 똑같은 자료를 봐도 그 자료 이면과 행간에 숨은 수많은 통사적, 공간적 이슈들을 떠올려 다른 사람과는 완전히 다른 차원에서 결론을 도출해내는 크리에이터들이 있습니다. 이들은 종종 남다른 통찰력과 관찰력을 가지고 태어났다는 평가를 받기도 합니다.

하지만 실제로 한 분야의 대가가 된 이들의 상당수는 타고난 재능 때문이 아니라 오랜 경험을 통해 쌓은 고품질의 방대한 지식과 풍성한 노하우의 소유자인 경우가 많습니다. 동일한 정보나 지식, 혹은 경험이 누군가에게는 명쾌한 판단을 어렵게 하는 토막 난 정보가 되는가 하면, 누군가에게는 독보적인 전문성이 되어 쌓입니다. 그렇게 다른 사람들은 모르는, 짐작도 할 수 없는 거대한 콘텐츠의 창고가 탄생합니다.

만일, 우리에게 그런 콘텐츠의 창고가 있다면 스토리텔링은 아주 즐겁고 행복한 작업이 될 것입니다. 종종 그 창고에서 유용한 정보와 지식의 재료들을 꺼내 짧은 시간에 방향성이 뛰어나고 목적성이 뚜렷한 좋은 콘텐츠를 만들 수 있으니까요.

콘텐츠를 다루다 보면 나도 모르는 사이에 많은 정보와 지식이 쌓입니다. 그렇게 사람마다 약간의 차이가 있지만 지식의 창고가 생깁니다. 그런데 그 안에 쌓인 지식이 마치 정보의 파편과 같다면 아무리 많아도 쓸모가 없습니다. 원석은 갈고 닦아 보석으로 만든 뒤에야 그 가치가 있습니다. 또한 구슬이 서말이라도 꿰어야 보배라는 속담도 있듯 잘 꿰어지지 않으면 비록 보석이라고 하더라도 제대에 그 가치를 발휘하지 못합니다.

그러려면 정보의 파편을 종합적인 데이터베이스화 해놓는 것이 중요합니다.

저의 예를 들자면, 2000년대 초, 저는 인터뷰를 하던 도중, 인공지능 로봇에 관한 흥미로운 이야기를 듣게 되었습니다. 그때까지 저는 인공지능에 대해 거의 문외한이었는데 이날 인터뷰를 하면서 앞으로 많은 분야에서 인공지능에 관한 콘텐츠가 필요해질 거라는 결론을 얻게 되었습니다.

집으로 돌아온 뒤 마치 하나의 프로젝트를 하듯, 관련 자료수집에 착수했습니다. 주중에는 틈이 날 때마다 주말에는 집중적으로 정보를 수집했는데 이때의 관련 정보라 함은 관련 언론보도와 전문가, 관련 기업과 대표적인 도시 혹은 현장과 영화 등입니다. 특히 영화는 단편적인 우리의 지식의 가능성을 열어주는데 아주 유용한데요, 인공지능과 관련해서는 마침 'A.I'라는 영화가 나와 기대이상의 신선한 충격을 받기도 했습니다.

이 때 중요한 것은 전문가 수준은 아니더라도 상식수준 이상의 종합적인 지식을 얻을 때까지, 충분히 조사를 하는 것입니다.

그리고 그렇게 모은 자료들은 보기 쉽게 정리하여 보관합니다.

이런 식으로 관심이 생기거나 관심을 가져야 한다고 판단되는 이슈를 수시로 정리하고 모아 종합적인 지식의 형태로 저장했고, 그렇게 쌓인 지식들은 약 30여 년간, 방송프로그램 기획과 스토리텔링을 비롯해서 생태관광 콘텐츠개발, 건축물 브랜딩, TV광고 및 공공기관 홍보와 스타트업 컨설팅, 다양한 형태의 출판 기획과 미래산업 관련 프로젝트 기획에 요긴하게 사용되었을 뿐 아니라 기대 이상의 결과를 내는 실질적인 밑천이 되었습니다.

지금도 저는 새로운 용어나 이슈를 들을 때면 먼저 간단한 조사를 통해 그 가치를 타진한 다음, 중요한 이슈에 대해서는 충분한 지식을 확보할 때까지 집중적으로 자료를 모읍니다. 이것이 저의 부족하고 불안정한 세계관을 끊임없이 수정해주고 성장시켜주었습니다.

아직도 제 지식의 창고에는 빛을 보지 못한 보석들이 많습니다. 그래서 여전히 제 삶은 풍성하고 부족함이 없으며 미래에 어떤 상황이 와도 두려움보다는 즐거운 마음으로 기대할 수가 있습니다. 제 창고 속 지혜들이 저를 가장 좋은 길로 인도해줄 테니까요.

누구보다 먼저, 현장을 점령하라

현장의 중요성을 말해주는 많은 사례들 중에 나는 특히 이 사례를 즐겨 소개합니다. 왜냐하면 아주 사소한 현장이지만 그 현장을 잘 알고 있을 때 어떤 변화가 생기는 지를 잘 말해주기 때문입니다.

역사 다큐멘터리를 할 때의 일입니다. 무대가 조선시대였던 만큼 재연 장면 중 실내 장면은 방송국 내 드라마 세트에서 촬영을 하지만, 야외장면은 주로 용인민속촌에서 찍곤 했습니다. 그런데 다큐멘터리만 하다가 드라마 대본을 쓰다 보니 아무래도 다큐멘터리 구성보다는 어설퍼지기 마련이었습니다. 대사나 상황 구성이 완벽하다 해도, 막상 그 대본이 어떤 식의 그림이 되어 나올 지는 가늠하기가 어려웠습니다.

아니나 다를까 곧 여러 가지 문제가 발생했습니다. 가장 큰 문제는 드라마 재연부분과 다큐멘터리 부분의 부조화였습니다. 드라마는 정교한 세팅아래 전문 배우의 연기를 통해 만들어집니다. 그렇기 때문에 아무리 사소한 장면을 찍어도 대부분의 다른 다큐멘터리 화면보다는 집중력이 높습니다. 그만큼 어설픈 대본과 구성이 더 잘 드러납니다. 결국, 완성된 프로그램은 대본을 쓸 때 의도했던 것과는 전혀 다른 모습으로 나타나곤 했습니다.

주제가 전달됐고 틀린 것 없으니 그냥 넘어가긴 했지만 번번이 마음에 걸렸습니다. 계속 이 부분에 대해 고민을 하다가 어느 날 용인민속촌으로 달려갔습니다. 그리고 내부의 모든 시설을 빠짐없이 조사했습니다. 기와집과 초가집, 마을길과 담장의 높이와 길이, 정자의 크기와 각 건물의 배치도, 마당의 넓이, 갖춰진 소품들까지 가능한 꼼꼼하게 조사를 한 뒤 돌아왔습니다.

그 다음부터는 드라마 재연 대본을 쓸 때마다 그 노트를 보면서 썼습니다. 그 덕분에 한 공간에 들어갈 수 있는 최적의 출연자 수와 배역을 정할 수 있었습니다. 막연히 내 상상만으로 20명의 군사, 혹은 30명의 대신이라고 쓸 수도 있지만 정작 촬영 장소에 그 인원이 들어갈 수 없다면 나의 대본은 무용지물에 지나지 않기 때문입니다.

뿐만 아니라, 예를 들면 말을 타고 가는 주인공의 주변에 어떤 풍경이 스쳐 지나갈 지를 정확하게 예측할 수 있었습니다. 완전하진 못해도 그 시대, 그 사건 가운데 들어가서 쓰는 듯한 기분을 느끼면서 대본을 완성했습니다.

그 후 대본과 촬영내용의 차이를 확연히 줄일 수 있었고, 자연히 드라마 재연과 다큐멘터리의 사이에 균형이 이루어졌습니다. 군이 촬영장소까지는 가지 않아도 되는 작가의 입장이었지만 땀방울은 흘린 만큼 보람을 가져다준다는 것을 경험하게 되었습니다.

이런 사실을 모르는 연출진과 팀 스태프들은 '기대이상으로 현장에서 촬영이 물 흐르듯이 잘 진행되어 대본의 의도를 잘 살려 찍을 수 있었다'고 좋아하기도 하고, 일부는 제게 남다른 상상력이 있는 것이 아니냐고 말을 하기도 했지만, 사실은 '현장'을 정확하게 파악한 덕분이었습니다.

또 다른 사례가 있습니다. 충청도 보령에 있는 한 문중에서 역사 속에 묻힌 조상에 대한 역사 고증을 하는 자리가 있었습니다. 그 자리에 초대되기 전까지 저는 그들이 이 순신 장군 만큼이나 자랑스럽게 생각하는 그 조상에 대해서는 금시초문이었습니다. 그래서 보령으로 내려가기 전, 차에 있던 교통지도를 뒤적이며 관련 유적들을 먼저 돌아보았습니다.

그런데 비석의 형식이며 위치, 묘소의 위치가 웬만한 왕릉 못지않았습니다. 그 시대 묘와 비석의 형식은 신분과 공적에 따라 엄격하게 규제되었습니다. 마치 사후 인생평가서라고나 할까요. 그런 시대에 조성된 유적들이라는 점을 감안하면 역사책에 언급조차 되지 않는 인물의 유적치고는 그 보관 상태나 규모가 상당했습니다.

회의장으로 달려가는 내내 호기심과 함께 전문가들의 이야기가 기대됐습니다. 그런데 웬 걸, 현장 분위기는 역사에 단 한 줄도 나오지 않는 인물을 무슨 근거로 수면 위로 끄집어 올릴 거냐는 분위기였습니다. 가만히 보니, 십여 명의 학자들과 시 관계자들까지 포함해 수십 명이 모였는데, 현장을 둘러보고 온 외부 인사는 거의 없었던 것이지요.

그런 분위기 속에서 제가 발언을 할 차례가 되었는데 저는 사전에 답사한 내용을 바탕으로 상당히 설득력 있는 주장을 전개할 수 있었고, 그 덕분에 후손들의 전폭적인 관심을 받으며 많은 대화를 할 기회를 얻게 됐습니다. 그리고 그것이 인연이 되어 그 장군이 살았던 고려 말 왜구와 서해안에 관련된 묻힌 역사에 대한 지식과 통찰력을 높일 수 있게 됐을 뿐 아니라 이후 이와 관

련된 많은 작업들을 하며 콘텐츠 전문가로서의 신뢰도를 높일
수 있게 됐습니다.

　현장을 아는 것은 스토리텔링의 완성도를 높이는 데 필요한
필수 요소일 뿐 아니라, 함께 일하는 사람들 사이의 상호 신뢰도
를 높이는 데에도 결정적인 역할을 합니다.

　그러니 누구보다 먼저 깊이, 정확하게 현장을 점령하십시오.

키맨Keyman을 찾아라, 그리고 그와 친구가 되라

　세종대왕과 집현전 학사들에 관한 다큐멘터리를 할 때의 일
입니다. 관련 논문과 책을 통해서 주제의 줄기를 잡은 뒤 최적의
메인게스트를 찾는 작업을 시작했습니다. 당시 S대 사학과에 있
던 교수 한 분이 최적임자로 떠올랐는데 하필 방송출연을 안하
기로 유명한 학자였습니다. 아니나 다를까 몇 번이나 간곡히 전
화로 인터뷰요청을 했다가 딱지를 맞고 말았습니다. 아이템을
바꿔야 하나 생각하고 있는데 포기하기에는 너무 아까운 아이
템이었습니다. 그러자면 그 교수가 없이는 불가능했습니다. 고

민 끝에 늦은 저녁 무렵 작은 선물 하나를 준비해서 그 교수를 찾아갔습니다. 짧은 대화 끝에 준비해간 선물을 드리고 돌아왔습니다.

그런데 다음 날 그가 인터뷰를 허락했다는 기쁜 소식이 들려왔습니다. 그것으로 그 프로그램 준비는 끝난 셈이었습니다. 그의 인터뷰는 촬영콘타나 다름없었습니다. 세종대왕과 집현전 학사들에 관한 이야기를 어디서부터 시작해서 어떤 에피소드를 거쳐 결론을 맺어야 할지 그의 인터뷰 안에 다 들어 있었습니다. 십여 년 동안 역사 다큐멘터리를 했지만 그 때처럼 편하게 일을 한 적은 처음이었습니다.

프로그램이 끝난 뒤 팀원들은 제가 그 교수를 어떻게 설득했는지 궁금해 했습니다. 무슨 대단한 설득력을 가진 것처럼 기대했지만 사실 담당 조교와 10분 정도 통화를 한 게 다였습니다. 대개는 조교를 교수와의 연락 창구 이상으로 보지 않지만 사실 조교는 교수와 가장 가까이 있는 사람이지요. 교수를 설득하는데 결정적인 키맨Keyman일지도 모른다고 생각했습니다.

그래서 조교에게 전화를 걸어 이런 저런 얘기를 나누던 중 조교는 자기가 모시는 교수가 방송출연은 싫어하지만 그 박학한 지식을 많은 사람들에게 나누기를 원한다는 사실과 교수의 취미가 등산이라는 사실을 알게 됐습니다. 결국 조교의 친절한 조언에 따라 교수의 얼어붙은 마음을 부드럽게 만들 값싸고 소박한 등산용 털모자를 준비할 수 있었던 것입니다.

지금도 제가 내민 털모자를 보면서 적이 놀라던 교수의 그 눈빛이 생각납니다. 그 눈빛엔 어느새 냉담함은 사라지고 익숙치 않은 방송 출연을 피하려고 꽁꽁 숨겨두었던 순수한 학자의 열정이 눈빛에 배어났습니다. 그 때 저는 인터뷰가 가능할 지도 모르겠다고 생각했습니다.

이처럼, 현장 파악과 더불어 중요한 또 하나의 요소는 최적의 인물, 즉 키맨keyman을 찾아내는 것입니다. 키맨은 한마디로 열쇠를 가진 사람, 즉 문제를 해결해줄 사람을 말합니다.

그런데 키맨을 찾는 것만큼이나 중요한 건 그의 신뢰를 얻는 것입니다. 키맨에게 접근하거나 소통하는 과정에서 어려움을 겪는 이유는 내가 원하는 것을 성급하게 요구하기 때문입니다. 분명히 알아야 할 것이 있는데, 키맨은 자신이 '사람들이 원하는 보물을 갖고 있다'는 것을 압니다. 당연히 사람들을 경계할 수밖에 없습니다. 그런 상황에서 내가 원하는 것을 얻으려면 그를 내 필요를 채우는 사람으로 대하지 말고 먼저 그의 신뢰를 얻어야 합니다. 그가 보물을 내어주어도 좋을 친구가 되는 것입니다. ✖

콘텐츠 엔지니어링 1
스토리텔링 매뉴얼, 12개의 상자

초판 발행 2022. 11. 1

지은이 이소윤 이진주
디자인 임현주

펴낸곳 (주)스토리윤
등록 2016-000066호
주소 용인시 처인구 양지면 한터로 662번길 53
팩스 050-4010-2460
이메일 storyyoon_files@naver.com

ⓒ 이소윤 이진주, 2022

*이 책은 저작권법에 따라 보호를 받는 저작물이므로 무단 전재와 무단 복제를 금합니다.
*책 값은 뒤표지에 있습니다. 잘못된 책은 구입하신 서점에서 바꿔드립니다.